La fidélité et le couple

Du même auteur
aux Éditions J'ai lu

Le traité des caresses, *J'ai lu* 7004
La Mâle Peur, *J'ai lu* 7026
Le traité du plaisir, *J'ai lu* 7093
Amour et calories, *J'ai lu* 7139
Le traité du désir, *J'ai lu* 7167

Dr GÉRARD LELEU

La fidélité et le couple

« L'amour est difficile [...]. L'amour d'un être humain pour un autre, c'est peut-être l'épreuve la plus difficile pour chacun de nous. C'est le plus haut témoignage de nous-mêmes, l'œuvre suprême dont toutes les autres ne sont que des préparations. »

Rainer Maria Rilke

Parce qu'elles ont permis que ce que je sais soit partagé et pour leur amitié, je remercie Claire Desserrey et Simone Bairamian chez Flammarion et Marion Mazauric chez J'ai lu.

Les lecteurs qui souhaitent m'écrire peuvent adresser leur courrier à mon association :
La Collère Espérance - 24220 - MARNAL

Sommaire

Introduction

Découvrir que son(sa) partenaire a été « infidèle » constitue, pour la plupart des êtres, une des plus intenses douleurs. Les conséquences en sont souvent graves, voire dramatiques : maladies psychosomatiques, dépression ou suicide, voire crime passionnel. Les salles d'attente des médecins sont remplies de ces blessés du cœur et les colonnes des journaux émaillées des violences de ces désespérés. Personne ne peut affirmer qu'il ne sera, un jour, confronté à « l'infidélité », soit qu'il la subit, soit qu'il en est l'auteur.

Pour avoir entendu tant de patients pris dans les affres de l'une ou de l'autre de ces situations, et pour les avoir connues moi-même, je sais maintenant qu'il est possible de gérer l'événement afin d'atténuer les souffrances et d'éviter les massacres en tous genres.

Gérer ses émotions en prenant conscience qu'elles sont excessives, qu'elles réveillent des blessures d'enfance et alors décider d'apprendre à panser ses plaies. Gérer aussi les conflits qui ne manquent pas de surgir afin qu'ils cessent d'être ces duels destructeurs pour se faire échanges constructifs et dès lors décider d'apprendre à communiquer. Gérer également sa responsabilité, car se poser en « victime » ne fait progresser ni la situation, ni les consciences et décider ici d'apprendre à être créateur de sa vie.

Par-dessus tout, c'est en apprenant à aimer véritablement qu'on sortira de cet enfer ou, mieux, qu'on l'évitera. Car est-ce aimer que de maudire, de violenter, voire de tuer celle ou celui que l'on aime ? Qu'est donc ce prétendu amour pour qu'en son nom on détruise ce que l'on a adoré ?

De nos jours plus que jamais se pose la question de la fidélité. La durée de vie s'allonge et, en vertu de cette longévité, se marier – ou se lier – pour la vie, c'est signer un bail de plusieurs dizaines d'années, voire soixante-dix ans. Est-il possible, est-il souhaitable d'entretenir si longtemps un amour exclusif ? D'autant que les « tentations » extraconjugales se multiplient : les occasions de rencontres sont innombrables, tant au travail qu'en ville et dans les loisirs comme en vacances. En outre, ces tentations sont de plus en plus explicites : la mode vestimentaire et le maquillage soulignent les signaux sexuels, les loisirs et les vacances dénudent les corps et les rapprochent, tandis que, d'une façon générale, la société vit sous le signe du sexe. Face à ces invites, aucun tabou, aucune peur ne se dressent plus : la contraception et l'IVG annulent le risque de grossesse ; la levée des contraintes morales (religieuses et civiles) aussi bien que juridiques, éloigne les menaces qui pesaient sur « l'adultère » quand il était péché, honte ou délit.

Plus rien n'oblige à être fidèle que le sentiment d'amour et le désir qu'on éprouve pour l'autre. Hélas, les sentiments passent et le désir s'émousse. Certes, on peut entretenir l'affection et l'attrait, comme j'ai tenté d'en donner les moyens dans *Le Traité du désir*.

Mais cela ne suffit pas toujours à demeurer fidèle. Alors qu'en sera-t-il de la fidélité ? Et du cri des amants touchés par la grâce et éperdus d'absolu : « Je t'aimerai toujours et n'aimerai que toi » ? Ce n'est quand même pas la peur des MST qui deviendra l'unique gage des promesses de l'aube.

Pour désigner les protagonistes, j'éviterai d'utiliser certains termes inutilement sentencieux (« coupable », « victime », « tromper ») ou quelque peu désuets (« époux », « épouse », « maîtresse »). Par ailleurs, les situations étant diverses, j'utiliserai, pour simplifier, non pas les termes précis (mari/femme mariée, concubin/concubine, ami/amie) mais les termes généraux de « conjoint habituel » et « conjoint infidèle » pour les membres du couple originel et « amant(e) » pour la relation « extraconjugale ».

Enfin, j'aurais voulu remplacer le terme « infidèle », trop chargé d'un moralisme du siècle dernier, par un autre ; faute d'en avoir trouvé, j'emploierai le mot comme désignant une situation sans la juger.

Traditionnellement, être fidèle c'est n'avoir qu'un seul partenaire dans les domaines sexuel, affectif et psychique. Autrement dit, c'est ne faire l'amour qu'avec une seule personne, n'aimer qu'une seule personne et n'avoir d'échanges psychologiques profonds (se confier, se laisser connaître) qu'avec cette personne.

Chapitre I

NAISSANCE D'UN RÊVE

Dans l'histoire d'une vie, la survenue d'une infidélité du conjoint est, dans le domaine des faits malheureux – au moins pour ceux qui s'investissent beaucoup dans l'amour –, un événement marquant au même titre que l'apparition d'une maladie sérieuse, la perte d'un enfant ou la survenue d'une guerre.

De façon générale, l'infidélité est considérée par l'ensemble des humains comme un fait important, voire grave. Elle constitue le thème de la plupart des œuvres littéraires, théâtrales ou cinématographiques. Elle fait, directement ou indirectement, l'objet de la plupart des conversations ; on parle alors des protagonistes avec compassion ou sévérité. Si l'on en rit en ville ou sur scène, c'est de peur d'en pleurer.

Pourquoi tant d'histoires ? Pourquoi ces drames ? Après tout, qu'y a-t-il de dramatique à apprendre que notre partenaire couche avec une autre personne, voire l'aime ? Est-ce pire que de savoir qu'elle lui parle, qu'elle regarde avec elle un cerisier en fleurs, qu'elle dîne avec elle ? Oui, pourquoi cette importance ? Pourquoi cette souffrance, une souffrance grave et même infinie, d'ordre quasiment existentiel, métaphysique ?

C'est que l'infidélité touche à quelque chose de très sensible et de très profond en chacun de nous : notre rêve d'absolu, qui est d'être aimé exclusivement et éternellement, et réciproquement d'aimer sans partage et sans fin. En un mot : vivre le « grand amour ».

Mais ce rêve lui-même d'où nous vient-il ? Il vient d'un « grand manque » qui taraude l'homme en permanence et le pousse sa vie durant à chercher ce qui pourrait l'en délivrer. Toute destinée humaine peut se résumer à cette interrogation : que faire de ce manque ? Le manque, Lacan l'a bien décrit, c'est « cette impression d'insatisfaction teintée d'anxiété que nous ressentons tout au long de notre vie et qui nous pousse à rechercher l'objet miraculeux qui mettra un terme à cet état de manque et à cette quête ». Impression d'incomplétude qui nous habite et nous fait aspirer à on ne sait quelle complétude ; comme il est trop angoissant de ne pas savoir, on fait comme si on savait : ce qui manque c'est « l'autre ». « Il existe un besoin "en autre" comme il existe un besoin en eau ou en protéines », confirme Jean-Didier Vincent (1). C'est le « besoin vital de se relier à un partenaire qui sache recevoir notre amour..., un partenaire qui puisse être le réceptacle de notre désir d'aimer et d'être aimé », précise Jacques Salomé, qui poursuit : « Il y a en chacun une place pour l'être attendu, espéré, rêvé, qui saurait nous comprendre, nous aimer inconditionnellement » (2).

Du manque à l'absolu, il n'y a qu'un pas, d'où cette « croyance quasi-universelle fondée sur l'évidence d'un amour unique, permanent et sans faille »... « Cette mythologie qui nous fait espérer et rechercher l'homme ou la femme de notre vie est liée à la certitude que nous sommes capables [...] d'accueillir des amours inaltérables, survivantes aux promesses, résistantes aux illusions, à l'usure du temps, etc. », ajoute Salomé. Ce « grand rêve » sans cesse effiloché, toujours retissé, c'est l'espoir fou de combler enfin le manque originel et de retrouver la plénitude.

Reste à savoir ce qui a creusé le manque et engendré cette nostalgie d'une part manquante, nostalgie qui transforme notre vie en une quête inlassable ? Pour le comprendre, il nous faut remonter aux origines de notre existence : notre vie dans le ventre maternel et notre enfance

Le manque lié à la première fusion : la vie intra-utérine

Dans le ventre maternel, l'enfant vit dans un paradis marin : bien au chaud, au cœur d'une douce obscurité, flottant sans pesanteur dans le liquide amniotique, bercé par le ressac qu'y engendrent les mouvements respiratoires de maman, balancé par la paisible houle qu'y provoquent ses déplacements, caressé par de si moelleuses parois, à peine effleuré par des bruits feutrés – tic-tac étouffé du cœur maternel, murmure de la voix, sourds décibels d'un lointain dehors –, vraiment, bébé vit heureux comme un poisson dans l'eau. Bonheur absolu dont il est bien conscient car, la science l'a prouvé, sa conscience s'affirme au fur et à mesure que son cerveau se développe.

Bientôt, ce temps de béatitude s'achèvera. Et le vivant s'en souviendra comme d'un paradis perdu qu'il n'aura de cesse de retrouver.

Les débuts de la vie terrestre

Un jour survient un véritable cataclysme : la mer se déchaîne, un ouragan secoue bébé et le voilà précipité dans un tunnel étroit qui le triture : c'est douloureux, c'est oppressant, c'est angoissant et ça n'en finit plus. Cette phase d'expulsion à travers la filière maternelle, Otto Rank l'appelle « le traumatisme primaire » ; il en fait le noyau de notre inconscient. Enfin, bébé atterrit et c'est un autre supplice qui commence, ce monde est terrifiant : une lumière crue l'aveugle, un froid glacial le saisit, des bruits fantastiques l'assourdissent, une chape de plomb – la pesanteur – le terrasse. Sur sa peau s'impriment des contacts durs tandis que son corps est projeté dans de fulgurants déplacements, sans oublier l'angoisse liée au manque d'oxygène et cette douleur qui soudain déchire ses poumons quand l'air s'y engouffre. C'est bien « le massacre d'un innocent » qu'a dénoncé Frédéric Leboyer.

Mais ce n'est pas tout. Bientôt en lui surgit une sensation nouvelle, désagréable, quelque chose qui creuse, qui tire et aggrave son angoisse : la faim. Une faim qui est plus qu'une douleur : un signe que sa vie même est menacée, il le sent confusément. Et bébé ne peut rien faire, il est à la merci des autres. Aussi il se met à crier.

Alors il se sent soulevé et, en un instant, entre bras et sein, il retrouve le paradis perdu : la chaleur, l'apesanteur, le balancement, le bercement, le moelleux, la voix d'antan, le cœur battant. En plus, il découvre une autre volupté : dans sa bouche coule le liquide chaud et onctueux qui éteint les tiraillements de son ventre et comble le vide de tout son corps. C'en est fini du froid, de la faim, de la solitude et de ses angoisses. Dès lors, par sa mère, la vie est redevenue paix, redevenue plaisir. Se répétera des millions de fois l'enchaînement suivant : j'ai faim, j'ai soif, je suis seul, je suis triste, je suis anxieux, maman touche ma peau et emplit ma bouche, et me voilà rassasié, rassuré, heureux.

À l'occasion de l'allaitement, des soins d'hygiène et des jeux, la proximité des deux protagonistes est des plus étroites, leurs interactions des plus fortes et leur tendresse des plus ferventes. C'est ce qui fait de cette relation la plus intime, la plus dense et la plus intense des relations humaines. L'amour de la mère est absolu, son comportement un modèle de sollicitude, de tendresse et d'abnégation. La geste maternelle est admirable : voyez comme elle manipule bébé, le caresse, le chatouille, l'embrasse, le dévore, le berce, l'étreint, le lave, le sèche, le talque, le lange, le vêt, le nourrit de son propre sein ou contre son sein. Pour bébé, complètement abandonné, ce corps à corps merveilleux, c'est le bonheur absolu, la béatitude, en d'autres termes la confirmation du paradis retrouvé.

La force de cette relation intime vient de ce qu'elle implique intensément tous les sens et que bébé tout spécialement y est plongé dans une véritable constellation de sensations. Sa peau reçoit sur toute son immense et si sensible surface de fabuleux contacts. Nous en savons les merveilleux bienfaits. Son ouïe reconnaît la voix qui lui parle : c'est celle qu'il entendait, assourdie, pendant ces mois de bonheur aquatique, il en reconnaît les intonations ; et s'il n'en comprend les mots, il sent bien que le ton est doux, que le ton est gai. Son odorat est particulièrement gâté ; c'est dans un véritable bain d'odeurs qu'est plongé le petit dans les bras de sa mère : arôme du sein où le lait affleure, effluves du creux axillaire tout proche, parfum du souffle maternel qui effleure son visage, senteur des cheveux qui le taquinent, fragrances de la zone uro-génito-anale qui s'exhalent, toutes odeurs porteuses de phéromones dont nous savons qu'elles sont des messagères du désir et des émotions. De fait, si nous nous rappelons que le centre cérébral des odeurs est mitoyen du centre des émotions et du centre du désir, nous comprenons pourquoi les effluves soulèvent en bébé tant de bonheur. Mais ce qui importe le plus ici, c'est de savoir que ces odeurs s'associent à l'état de bonheur ressenti et que la mémoire enregistre cette association odeurs-bonheur. Ainsi, les arômes corporels acquièrent un puissant pouvoir évocateur. Le surgissement de fragrances semblables chez l'adulte produira des montées de bonheur et des envies de câlins.

Sa vue lui offre d'autres félicités : les regards de sa mère, ses mimiques et entre autres cette mimique si rassurante, si encourageante : son sourire. Sa bouche lui apporte le summum du bonheur. Le lait y coulant non seulement caresse agréablement les muqueuses de l'orifice, mais surtout met un terme à cette sensation si désagréable et si angoissante : la faim. Alors, un merveilleux bien-être baigne bébé, son corps et son mental.

Cependant, quel que soit l'émerveillement des sens, cette situation n'atteint sa dimension de bonheur parfait que parce que, au-delà de la sensualité, il existe une relation et une relation d'amour. Relation, sûrement, puisque c'est un échange, un dialogue ; chacun donne et reçoit, chacun perçoit ce qui émane de l'autre. Relation d'amour, assurément, puisque la mère ne se contente pas de dispenser la nourriture et les soins, elle le fait avec infiniment de tendresse. Sa façon de donner importe autant que ce qu'elle donne : c'est sur son visage un sourire, un pétillement des yeux ; sur ses lèvres des bisous légers, des baisers gourmands ; dans sa voix une douceur et un entrain ; dans ses gestes une rondeur, une précaution ; dans ses mains une ferveur, des caresses et des jeux, etc. Chez l'enfant il y a également infiniment d'amour, le sourire en étant le plus touchant témoignage. Sans doute cet amour n'est-il encore qu'une manifestation de contentement et de gratitude et un attachement conditionnel. Qu'importe, l'essentiel est que l'amour naisse.

Il est très important de noter que cette relation, l'enfant la vit sur un mode fusionnel, comme s'il était encore dans le ventre. Le nouveau-né, au départ, n'a pas conscience des limites de son moi, il ne peut faire la distinction entre lui-même et le reste du monde. S'il bouge une jambe, il pense que le reste du monde bouge ; inversement, s'il voit sa mère bouger, il croit qu'il bouge. S'il a faim, il s'imagine que sa mère et le reste du monde ont faim. Bref, son moi et tout ce qui est à l'extérieur ne font qu'un, sont confondus. C'est la phase de fusion infantile.

En eux-mêmes, les soins de maman sont réellement merveilleux, mais ce qui en rehausse le prix, c'est qu'ils sont autant d'interruptions de l'état pénible où bébé se trouve : non seulement il a perdu la douceur permanente du paradis utérin, mais en plus, il est en butte à toutes sortes de désagréments sur lesquels il n'a aucune prise. Face au froid, à la solitude, à la faim, à la mort, il se sent impuissant. Non seulement son bien-être, mais sa vie même, dépendent entièrement de sa mère. Il est à sa merci. C'est que le petit d'homme, seul de tous les mammifères, est né inachevé ; il est en quelque sorte prématuré de deux ans ; il fallait qu'il sorte du corps maternel avant que le volume de son crâne – et donc de son cerveau – ne dépasse le diamètre de la filière maternelle. De plus, le petit humain, seul ici encore de tous les mammifères, est nu. En raison de cette précarité, il faudra que la mère offre une somme incommensurable de disponibilité, de présence et de soins, bref, d'amour. Cet amour contribuera à compenser les souvenirs affreux laissés par le traumatisme de l'accouchement.

Fin de la seconde fusion

La fin de cette seconde fusion sera moins brutale que celle qui avait clos la première. Elle se fera progressivement. Chaque jour se rompra un des milliers de brins qui relient l'enfant à la mère. Certains jours même, un événement plus grave brisera une poignée de fils.

C'est au niveau de son corps que bébé va prendre conscience de la séparation. En effet, bébé ne tarde pas à s'apercevoir que s'il veut bouger son bras, son bras se déplace devant ses yeux mais seulement son bras, pas le plafond ; et que s'il a faim, sa mère ne survient pas à l'instant. Sa volonté n'a pas de prise sur tout et ses désirs ne sont pas toujours suivis d'effet. Il y a donc des choses sur lesquelles il peut agir et d'autres sur lesquelles il ne peut rien. Il y a donc lui et ce qui n'est pas lui. Son corps est limité et son pouvoir restreint. C'est la découverte de ses limites qui lui apprend son identité, lui donne le sens de son « moi ». Il prend alors conscience qu'il est une entité différente du reste du monde.

Toutefois, l'enfant s'accroche encore longtemps à cette tendance à confondre son moi et l'extérieur, à cette illusion de pouvoir commander à tout. Jusqu'à trois ans, il essaie encore d'agir comme un petit tyran qui veut que ses désirs soient des ordres et pique des colères s'il n'obtient pas ce qu'il veut. Mais il lui faut bien constater que ses colères ne changent pas la réalité : les gens et les choses résistent. Aussi, plus il avancera en âge, plus il constatera qu'il est bien une individualité séparée au pouvoir limité. C'est ainsi que s'installe cette tristesse profonde de se savoir isolé et quasi-impuissant.

Notons l'importance de la mère dans cette évolution. Selon son attitude, elle aidera l'enfant à se différencier ou au contraire le laissera patauger dans la fusion ; c'est le cas des mères possessives qui ont intérêt à maintenir l'enfant en état de dépendance ; c'est aussi le cas de mères frustrées par un partenaire distant ou disparu (divorcées, veuves) et qui reportent leur besoin d'affection sur l'enfant.

Dans l'histoire de la séparation, une date est mémorable : celle du sevrage. Cette soif inassouvie du sein et du corps maternel se double de panique et d'angoisse. Là, bébé touche au manque absolu. Une telle plongée dans le vide ne peut que laisser des traces.

Un être va jouer un rôle fondamental dans la coupure d'avec l'état fusionnel : le père. C'est lui qui dit « non » avec autorité, voire cruauté. Lui qui prend la mère pour lui, l'emmenant au loin ou la mettant dans son lit, tandis que bébé reste seul, en butte à tant de désagréments (la faim, le froid, les cauchemars, les souillures, etc.). Lui qui est en cause chaque fois que maman abandonne bébé. Lui, c'est celui qui tranche, c'est la hache ; mais il n'est pas seul, tous s'y mettent : les anciens, les maîtres d'école, les chefs de tous acabits.

C'est ainsi qu'au premier manque, installé le jour de l'expulsion, quand fut perdue la première fusion, quand s'opéra la première séparation, s'ajoute un second manque qui s'approfondit au fur et à mesure que se délite la seconde fusion et que se confirme la seconde séparation. Maintenant c'est un « grand manque » qui creuse l'être. Alors dans ce vide s'installe un rêve, le « grand rêve ». Car si le petit d'homme paraît se résigner, au fond de lui il attend, il espère, bref, il rêve. Son premier amour est inscrit à vie dans chaque fibre de son corps, dans chaque cellule de son psychisme. Il aura beau grandir, il gardera la nostalgie d'un tel bonheur et dans son inconscient, la relation entre sa mère et lui restera le prototype de toute relation amoureuse. C'est pourquoi le taraudera toujours le besoin de retrouver un attachement aussi fusionnel où à nouveau, il pourra faire éclater les limites d'un moi isolé, impuissant et morne, pour s'expanser dans l'autre et dans le monde, retrouver une forme d'omnipotence et renouer avec la béatitude. Combler son manque, voilà ce qui sans cesse le hantera.

De l'amour infantile

La relation mère-enfant conditionne nos amours à venir. Selon les cas, elle favorisera la formation d'un couple harmonieux ou au contraire fera le lit des mésententes et des infidélités. De l'amour infantile, il faut garder certains aspects et en éliminer d'autres.

Ce qui caractérise l'amour de l'enfant, c'est qu'il est égocentrique : aimer, pour l'enfant, c'est être dans le besoin d'amour. Besoin physiologique avant tout (besoin de nourriture, de chaleur, de contact), besoin psychique aussi (besoin de présence, besoin qu'on apaise ses douleurs et ses chagrins). Il demande, il exige même que cessent ces désagréments et qu'on lui procure des agréments. Très vite, il s'attachera et ses besoins primaires se doubleront de besoins affectifs. Certes, il donnera à son tour (ses sourires, ses rires, ses gazouillis), bien conscient de faire plaisir à son tour ; n'empêche que ce qui domine chez l'enfant, c'est le besoin. Son immaturité cérébrale, intellectuelle, motrice en fait un être de manque, un quémandeur.

Selon l'attitude des parents et de la mère surtout, l'amour infantile évoluera vers une attitude plus oblative ou restera foncièrement égocentrique. La façon dont nos parents nous ont aimés enfant déterminera nos comportements amoureux futurs ; à notre insu, notre vie amoureuse rééditera des aspects de notre vie affective infantile. De même, la façon dont ils se sont aimés l'un l'autre conditionnera nos couples ultérieurs ; à notre corps défendant, nos partenaires seront les substituts de nos parents.

Selon que nos parents...

Si nos parents se sont aimés, nous avons le maximum de chance de former du premier coup un couple d'amour. C'est pourquoi il est très important que l'enfant voie ses parents se témoigner leur affection, par exemple en échangeant des paroles ou des gestes de tendresse.

Si nos parents se sont mal aimés, nous manquerons de références ou de repères pour construire un bon couple. Pire, nous aurons tendance à suivre certaines façons de ce modèle. Prenons l'exemple de parents infidèles. Les conséquences dépendront du contexte : l'enfant va soit s'identifier, soit se contre-identifier au modèle. Dans le cas de la fille, si sa mère était coquette et séductrice, mais par ailleurs mal aimante et peu disponible pour sa fille, celle-ci va rejeter cet aspect de la féminité ; elle se fera terne, non séduisante et affichera des tendances masculines. Inversement, si sa mère était peu séduisante et peu intéressée par l'amour, laissant son mari sur sa soif de féminité – ce dont se rend bien compte la fillette –, celle-ci à l'avenir s'identifiera aux fantasmes de son père : elle se fera désirable, séductrice et s'offrira quelques adultères.

Si les parents nous ont aimés de la meilleure façon qui soit, ni étouffante ni insuffisante, dans un juste milieu, notre vie affective a toutes chances d'être réussies. Mieux on a été aimé, mieux on sera capable d'aimer et d'accepter d'être aimé. C'est la mère, plutôt, qui apprend à son enfant ce qu'est l'amour. Sur cette base, le petit, la petite pourra construire son amour de soi et saura établir des relations d'amour avec les autres, amour femme-homme et aussi amour en général.

Si les parents n'ont pas su ou pu nous aimer, notre vie affective sera compromise. On peut se demander comment il se fait que les parents qui (sauf exceptions pathologiques) aiment leurs enfants se conduisent trop souvent d'une façon apparemment trop dure ou trop distante, voire même stupide, si bien que la plupart des gens souffrent de ne pas avoir été aimés comme ils l'auraient voulu.

C'est que les parents, bien qu'aimants, peuvent faire des erreurs. Il y a ceux qui ont mauvais caractère, ceux qui sont anxieux, voire dépressifs, ceux qui travaillent beaucoup et sont souvent absents et surmenés, ceux qui critiquent en public ou comparent avec le cousin, ceux qui ne sentent pas les besoins de l'enfant et attendent que l'enfant se comporte comme eux le souhaitent, ceux qui l'aiment trop, l'étouffent, le couvent – les possessifs –, ceux qui pratiquent l'amour conditionnel : « Je t'aime si tu es comme je te rêve, si tu fais ce que je veux. Je ne t'aimerai plus si tu n'es pas..., si tu ne fais pas... » (Mais comment être comme cela, parfaitement comme cela ? Du coup, l'enfant vit dans la peur de n'être plus aimé.) Enfin, il y a ceux qui ne peuvent aimer car ils ne s'aiment pas, l'enfant qu'eux-mêmes ont été n'ayant pas été aimé ; ils ne peuvent que projeter sur leur propre enfant la mésestime dans laquelle ils ont été tenus.

Bien entendu, il faut tempérer la responsabilité des parents en se souvenant que bébé a un appétit d'amour insatiable, voire tyrannique, si bien que, quoi qu'on fasse, c'est toujours insuffisant. D'autre part, l'enfant prend ses parents pour des êtres tout-puissants, parfaits, infatigables, bref, des dieux ; et il est forcément déçu quand il ne reçoit pas ce qu'il attend.

Quelle que soit la mauvaise façon d'aimer, le résultat est toujours le même : les parents (et les grandes personnes en général) ayant forcément raison, s'ils n'aiment pas assez l'enfant, c'est que celui-ci n'est pas aimable. Ainsi naît le non-amour de soi, dont les conséquences sont importantes, voire tragiques (en particulier dans la vie affective) et perdurent aussi longtemps qu'on n'a pas fait un travail sur soi. La première et la plus grave, c'est d'ouvrir un besoin d'amour incommensurable qui s'ajoutera au « grand manque » et exaspérera la quête d'amour. Ainsi est scellé le destin de la plupart des humains, perpétuellement amoureux de l'amour et lancés dans une recherche incessante d'un Autre introuvable. Ils vont de femme en femme, d'homme en homme, mendiant l'amour : « M'aimes-tu ? », « M'aimes-tu ? »... « Aime-moi... ! »

Ces mal-aimés de l'enfance, condamnés à ne pas s'aimer eux-mêmes, sont des paniers sans fond. Leur manque est tel qu'on a beau y déverser des trésors d'amour, d'admiration et de réassurance, il est toujours béant. Oui, rien n'est pire que de ne pas s'aimer.

Chaque erreur des parents, et plus généralement des adultes, contribue à creuser ce vide chez l'enfant.

Parfois survient un événement plus marquant qui produit en lui une blessure ponctuelle ; cela peut être un événement apparemment anodin mais mal vécu (une réflexion, un oubli...) ou un événement plus grave (une injustice flagrante, une violence, un abandon plus ou moins réel...) ; d'autres incidents entretiendront ou aggraveront cette blessure et ses douleurs, si bien qu'à tout âge elle sera prête à se rouvrir et influera sur notre vie.

Quand l'enfant se protège

Pour se garder du mal-amour, des frustrations, des blessures, des douleurs et des peurs qui s'ensuivent, l'enfant élabore un système de protection.

• Écorché, il s'entoure d'une carapace, de manière à être moins perméable aux événements extérieurs, à moins ressentir les souffrances infligées. Mais chez certains, le cœur reste vulnérable – sans doute un défaut de la cuirasse. Cette carapace gênera beaucoup la communication dans le couple.

• Docile, il échafaude une façade devant sa personnalité réelle, façade faite sur mesure selon les souhaits des parents. Il s'agit de leur plaire dans l'espoir d'en être aimé et de ne pas leur déplaire afin de s'épargner rejet et punitions. Un peu à la fois, ce faux moi devient une seconde nature ; et l'enfant ne saura plus ce qui lui appartient vraiment, quels sont ses vrais désirs, ses vrais plaisirs, ses véritables émotions, ses véritables réactions. Il sera coupé de lui-même. Quand viendra le temps d'aimer, ces façades joueront de mauvais tours aux relations amoureuses : basées sur des apparences, elles seront fausses, illusoires ; comme les illusions ne résistent pas à l'épreuve de la vie à deux, le couple ne tardera guère à entrer en crise.

• Craintif, il s'affuble d'un masque pour cacher ses faiblesses, ses hontes, ses méchancetés. C'est le masque « enfant gentil » qui est le plus porté, il donne droit à l'amour des autres. Il le portera sans doute toute la vie, sans avoir conscience de la somme de reniement de soi-même et de lâcheté qu'il implique. Ces masques joueront aux aimants les mêmes tours que les façades.

• Prudent, il élabore et met au point un système de croyances et de comportements destinés à lui éviter les châtiments des parents et à lui attirer leurs bonnes grâces. Ces croyances et comportements mille fois expérimentés sont mémorisés et constituent des programmes de survie qu'on ressort chaque fois que la situation le commande. Le malheur est que l'on continuera d'utiliser les disquettes de survie à l'âge adulte, dans des circonstances qui ressemblent à celles de l'enfance mais qui en réalité en diffèrent ; d'où des douleurs inutiles et des réactions inadaptées, dont les effets seront particulièrement pervers dans les relations amoureuses.

Hypothèques sur les amours de demain

Tout ce qui s'est passé dans l'enfance hypothèque nos futures relations amoureuses :

• Notre sentiment d'avoir été mal aimé nous mettra à la recherche d'un être susceptible de réparer ce déficit. Le lancinement de nos blessures nous poussera à chercher celui ou celle qui saura nous panser. Toutefois, ces amours établis sur un manque et sur une plaie risquent d'être temporaires. Le besoin étant fondamentalement insatiable et la plaie réellement incicatrisable, le partenaire finira par se lasser. Par ailleurs, notre soif d'amour étant immense, nous la projetons trop vite sur des êtres inaptes à l'étancher.

Joël rencontre Sylvie et croit voir en elle la femme la plus tendre du monde. Dans la réalité, Sylvie se révélera être une femme dure et rigide, parce que réprimée dans son enfance. Ainsi, Joël n'a pas vu la femme réelle, mais la projection de son rêve de femme tendre. De son côté, Sylvie est également déçue car elle croyait Joël adulte, or il se révèle immature. Seul un travail sur soi peut nous débarrasser de notre déficit d'amour et de nos blessures.

• Notre besoin maladif d'être aimé va nous exposer à nombre de souffrances et de peurs. Les souffrances correspondent à la réouverture de blessures anciennes à l'occasion de situations qui rappellent une situation passée. Les peurs gravitent autour de l'éventualité d'être moins aimé ou, pire, quitté. Tout est motif à souffrir et à craindre, d'autant que tout est interprété dans un sens défavorable : les mots ou les silences, les gestes ou leur absence, les attitudes, les oublis, les rencontres, les horaires constituent autant de menaces de désamour, d'indices de trahison, voire d'abandon. À force, on en arrive à vouer une sorte de ressentiment contre celui(celle) qui a le pouvoir de provoquer en nous des sentiments pénibles ; c'est tout juste si on ne le(la) haïrait pas autant qu'on l'aime. Le partenaire finit par percevoir notre ambivalence et en est perturbé(e). Ici encore, un travail personnel pourra nous débarrasser de notre besoin d'être aimé et des peurs qui en résultent. Alors, devenu un être stable, solide, délivré d'un excès d'émotionnel, nous pourrons nous situer à un autre niveau d'amour. Et notre partenaire libre d'être soi-même, c'est-à-dire différent de nous, pourra nous aimer sans restriction.

• Notre non-amour de soi aura des conséquences importantes sur notre vie et les relations à venir : il nous poussera sans cesse à chercher quelqu'un qui nous aimera à notre place, nous rendra à notre propre estime, nous redonnera confiance en nous ; pour le partenaire, c'est un travail de Sisyphe qui risque de le décourager. Autres conséquences : il nous rendra incapable d'aimer vraiment, il nous gênera pour recevoir l'amour de l'autre, enfin, il nous donnera mauvais caractère en nous faisant patauger dans le mauvais ego, cet amour-propre qui rend susceptible, vulnérable, égocentrique, perfectionniste par vanité ; ayant été jugé nous-mêmes, nous jugeons à notre tour, condamnons, culpabilisons (nous-mêmes autant que les autres), cette sorte de paranoïa nous fait inutilement souffrir et brouiller la relation avec notre partenaire. Pour sortir du non-amour de soi, c'est un travail de réconciliation avec soi qu'il faudra entreprendre.

• Notre besoin de relation fusionnelle venu de l'enfance pourra également conduire nos amours de demain dans des impasses. Nous y reviendrons.

La femme, l'homme et la mère

En tant qu'êtres sexués, la femme et l'homme paient chèrement l'héritage de l'amour infantile.

• L'homme sans doute est le plus entravé ; dans son couple d'adulte, il retrouve une personne de sexe opposé, comme c'était le cas dans son couple premier. Là où était la mère, est l'épouse. Femme, elle a de la mère l'odeur, la voix, le visage, les bras, les seins, le sexe ; et les manières de la mère, le psychisme de la mère. Et lui, il se niche contre ce corps, contre ces seins, dans ces bras ; mieux, il entre dans ce sexe où il passa, dans ce ventre où il fut lové. Comment ne pas penser qu'alors l'homme, plus ou moins inconsciemment, fantasmatiquement, vit un retour à la fusion enfantine et utérine ? Comment ne pas penser qu'il s'y installe pour prendre une revanche différée sur celui qui l'a évincé : le père ? De se retrouver avec une personne du sexe de sa mère, il s'ensuit pour l'homme un certain nombre de problèmes.

— Son besoin d'être aimé se référant au modèle maternel, il veut être aimé d'un amour absolu et fusionnel : puissant, total, permanent, inconditionnel. Si sa mère l'avait comblé, il en redemande. Si sa mère l'en avait frustré, il veut se rattraper. De toute façon, il se condamne à être insatisfait car aucune femme ne pourra éternellement offrir le même don de soi, la même disponibilité, la même indulgence.

— Son besoin d'amour entre en conflit avec son besoin d'autonomie ; ses sentiments sont ambigus : il veut la liberté et sa nostalgie le pousse à la fusion au risque d'être emprisonné. Il veut l'indépendance et son désir l'amène aux rives d'un corps où il était clos et qui risque de l'enclore à nouveau. « Je te fuis et je t'aspire, je me veux libre et je me livre, je t'aime et je te hais. »

— Son respect de la mère et, au-delà, l'interdit de l'inceste, peut handicaper son désir pour cette femme dont la tendresse et le corps sont maternels aussi. Cette dialectique madone-putain pourra être à l'origine de l'infidélité, nous y reviendrons également.

• Pour la femme, l'héritage de l'amour infantile est peut-être moins lourd, car l'être qu'elle rencontre dans l'amour est d'un sexe différent de celui de sa mère. Ce qui n'empêche la survivance d'un besoin d'amour absolu et fusionnel, car ce qui est inscrit dans sa mémoire, c'est la façon dont elle fut aimée d'antan.

En réalité, pour la femme, les problèmes d'héritage arriveront par l'homme. Un homme tout encombré de mère, une nostalgie de la mère qui lui fait exiger d'être aimé maternellement (ce que les femmes actuelles refusent de plus en plus) ; un attachement à la mère qui rend celle-ci omniprésente et constitue pour la conjointe une rivale redoutée ; sans oublier les ambiguïtés que le souvenir de la mère crée autour du désir masculin.

Un homme tout encombré d'enfant aussi : comment peut-elle distinguer dans cet être qui réclame sa tendresse celui qui est l'enfant et celui qui est l'adulte ? Comment discerner en elle-même celle qui materne l'enfant et celle qui chérit l'adulte ? Et comment ne pas être déçue quand face à la souffrance et à l'adversité, on attendait un homme mature et que l'on voit un enfant éperdu ?

Il est donc bien vrai que l'amour de la mère pèse lourdement sur les amours de l'homme adulte et d'une façon générale sur sa destinée. Il y avait autrefois les rites initiatiques. Cruellement souvent, ils arrachaient les garçons des bras maternels et coupaient le cordon ombilical en pratiquant un véritable déconditionnement. Faute de rites, on a ensuite inventé le machisme qui consiste à inférioriser, chosifier, mépriser la femme afin d'exorciser l'empreinte maternelle et d'échapper aux pouvoirs féminins. En vérité, c'est par un travail psychologique volontaire, réalisé de préférence avec des guides de développement qu'on pourra sortir de l'infantilisme de l'amour et apprendre à aimer vraiment.

Il était indispensable d'analyser ce « grand rêve » et le « grand manque » qui le sous-tend, car il va, notre vie durant, mener nos amours, au ciel ou en enfer.

Maintenant, l'enfant va grandir. Voilà qu'il se détache de plus en plus de sa mère. Son rêve de fusion, il l'enfouit au plus profond de lui, jusqu'à l'oublier.

Chapitre 2

DU RÊVE À LA RÉALITÉ

L'enfant a grandi. Adolescent ou adulte, il a l'âge d'aimer. Il tombe amoureux. Alors, comme d'un volcan endormi jaillit soudain le feu, son rêve d'extrême bonheur, son désir de fusion, son besoin d'expansion s'enflamment à nouveau. Dans un premier temps, l'amour se vit tout feu tout flamme. Dans un second temps, des difficultés apparaissent.

L'ÉTAT AMOUREUX

C'est un état de grâce, c'est magique, c'est poétique, c'est métaphysique. C'est aussi une réalité très forte : une explosion de l'énergie vitale, une multiplication de l'être, une exaltation de sa sensibilité, une prolifération de sa créativité. Tout est intense, dense, plein. On se sent plus vivant que jamais, relié à son essence et à l'essence du monde, réconcilié avec soi et avec l'existence. Tout est bon, tout est gai, facile, harmonieux. Abolie l'agressivité, on est l'indulgence même. En l'autre tout est bien, on l'accepte tout entier, inconditionnellement.

Il est vrai que l'état amoureux hisse les consciences à un niveau fabuleux et constitue un prodigieux enrichissement de la personnalité. C'est une réelle métamorphose qu'il provoque chez les êtres, ou mieux une renaissance, qui les porte à accomplir des prodiges. Comme illuminés par une sorte de transcendance, ils arrivent à se dépasser, à faire triompher le meilleur en eux : les voilà plus ouverts, plus réceptifs, plus oblatifs, non seulement envers leur aimé(e), mais aussi envers le monde ; les voilà qui décident de pousser plus avant la réalisation de leurs talents. Comme frappés par une force cosmique, ils se mettent à vivre intensément, leurs énergies étant alors décuplées. Comme touchés par la grâce, ils sentent leur sensibilité s'aiguiser et s'élargir. Comme emportés par une forme d'absolu, ils se croient capables d'aimer envers et contre tout et pour l'éternité. Leur amour déborde et ils aiment le monde entier et irradient leur bonheur jusqu'à devenir gentils avec tous et généreux. L'amour s'est fait universel. Au total, leur bonheur est immense et confine, par moments, à l'euphorie.

Plusieurs processus psychiques contribuent à cet état de bonheur.

La fusion, troisième du nom

« Toi et moi on ne fait qu'un. » Ils sont inséparables. Ils font tout ensemble, découvrent tout ensemble, partagent **tout** : les émotions, les désirs, les événements, les rêves, les projets. Le partage est absolu et allègre. D'autant que chacun ne pense qu'à faire plaisir à l'autre : il est attentionné, prévenant même, se plie à ses goûts, entre dans ses émotions et se range même à ses idées. Plus que s'adapter, ils s'adoptent. Il s'agit, en allant au-devant de l'autre, au-dedans de l'autre, de mettre en résonance les vibrations. L'intimité physique est étroite et fervente. Les aimants n'ont de cesse d'être proches, d'être en contact, quoi qu'ils fassent. Quand ils mangent, ils restent collés l'un à l'autre, quand ils marchent, ils se donnent la main ou se prennent par la taille. Quand ils dorment, ils se confondent. Un désir aussi brûlant que neuf les plaque l'un près de l'autre. Une envie toute fraîche de se dire et de se connaître les maintient l'un contre l'autre. Vraiment, ils ne font qu'un. Ce « un » s'appelle « nous ». C'est un lieu fabuleux.

Ainsi, l'état amoureux opère un véritable miracle dont le résultat est cette union si extrême qu'on pourrait croire à la perfection. Au-delà de ce bonheur humain, perce une félicité d'essence métaphysique car cette fusion, c'est la fin de la dualité, de l'état de séparation entre les êtres ; c'est l'unité retrouvée.

L'idéalisation

(appelée « survalorisation » par Freud et « cristallisation » par Stendhal)

« Tu es la plus belle... », « Je suis formidable... », « L'amour c'est merveilleux ». Ce qu'on idéalise, c'est à la fois la(le) partenaire, soi-même et l'amour. Pour cela, chacun s'adonne à un jeu de projections et d'embellissements qui transforme les partenaires en personnages factices : chacun voit l'autre non point tel qu'il est, mais tel qu'il voudrait qu'il soit, tel qu'il a rêvé qu'un(e) amoureux(se) devait être. Autrement dit, il le voit tel qu'il lui convient, quitte à scotomiser les traits qui ne lui conviennent pas. Ce qu'il aime, c'est donc une projection de ses fantasmes sur la personne, non la personne véritable.

Inversement, pour plaire à l'autre, chacun va se montrer sous l'aspect qu'il croit lui agréer ; chacun va donc modeler sa propre personnalité pour se conformer aux désirs et aux besoins de l'autre, renforçant les traits qui semblent le satisfaire, estompant ou masquant ceux qui risquent de lui déplaire. Comme il est difficile de connaître vraiment les désirs et les besoins profonds de l'autre, on lui prête nos propres attentes, ce qui achève de fausser le jeu.

Il faut également savoir qu'en idéalisant sa(son) partenaire, on s'accorde une autopromotion : si une femme(un homme) aussi « bien » qu'elle(que lui) s'intéresse à nous, c'est que nous sommes vraiment « quelqu'un de bien » ! Narcisse sourit à son reflet et Marguerite rit de plus belle en son miroir.

L'identification

« Je suis toi, tu es moi, on est pareil. » Cette volonté d'être semblable à l'autre se fonde sur le mythe des « âmes sœurs » selon lequel il faut, pour atteindre le grand amour, se ressembler. Sans doute y a-t-il à la base de la rencontre, en vertu du « qui se ressemble s'assemble », des similitudes – des goûts, des sensibilités, des idées, des intérêts voisins. Dans l'état amoureux, on va plus loin et on s'efforce de se rendre réellement pareil à l'autre. Alors on copie ses attitudes, ses pensées, son langage, on fait siennes ses émotions, ses pensées, on adopte ses pôles d'intérêt, on satisfait ses moindres demandes. Inversement, on gomme ce qui nous différencie trop d'elle(de lui), limitant nos expressions personnelles, renonçant à nos attentes et perdant de vue nos propres plaisirs. Notez qu'on copie surtout ce que l'on aime de soi en l'autre, c'est-à-dire nos projections sur lui : Narcisse ici aussi tire les ficelles. De surcroît, à force de vivre ensemble, les partenaires, spontanément, finissent par se ressembler. Le résultat est que l'autre devient le double de notre moi, notre jumeau, notre clone.

Le temps qui passe, en grignotant les sentiments, dissipe l'euphorie. La vie quotidienne multiplie les épreuves de vérité. C'est à propos d'incidents mineurs que la vérité éclate : vous voulez faire l'amour, elle *n'en a pas envie* ; *elle veut aller au théâtre*, vous préférez regarder le foot. Dans la continuité des jours et des nuits, chacun est amené à être plus lui-même, c'est-à-dire plus près de ses vrais goûts, de ses vrais désirs et plus juste dans sa façon d'être et d'agir. Bref, chacun tend à réaffirmer sa vraie personnalité.

Quant à la vision que l'on a de son(sa) partenaire, elle change aussi. Notre regard est différent et différent son aspect : les écrans sont moins roses, les fantasmes se volatilisent, des apparences se dissolvent, des ressemblances s'envolent, des facettes inconnues se révèlent. On croit que l'autre a changé, non : il redevient lui-même. Alors les partages se réduisent tandis que les dons de tendresse et de caresses se font moins fervents.

Finalement, les trois processus qui soutenaient l'état amoureux volent en éclat. À la fusion succède la défusion, à l'idéalisation la lucidité, à l'identification la différenciation. Et c'est tant mieux, car s'ils contenaient des énergies positives, ces processus recelaient aussi des germes de destruction.

La fusion continue emprisonne l'amour

Poussée à l'extrême et vécue à plein temps, la fusion est une impasse de l'état amoureux. Il n'y a plus altérité, il n'y a plus que l'unité (1+1 = 1). Cela réduit radicalement toutes les différences et donc toutes possibilités de désir. L'intimité finira par se tarir.

De plus, la fusion conduit à quatre travers fatals à l'amour :

• L'aliénation : au départ, l'aliénation est, le plus souvent, contractuelle et heureuse. En vertu d'un accord tacite, chacun accepte, souhaite même, que l'autre ait un privilège sur lui, qu'il ait un droit de regard sur lui (savoir ce qu'il pense, ce qu'il fait) voire un droit de propriété (« Je t'appartiens » disent les amoureux). La fidélité va de soi, elle n'est ni une résolution prise, ni une obligation décrétée ; chacun a remis sa liberté à l'autre. Mais il est des cas où l'aliénation est imposée par un partenaire possessif ou tyrannique. De toute façon, dans les deux cas, les partenaires perdent leur personnalité ; ils ne vivent que pour l'autre, par l'autre, à travers l'autre.

• La dépendance : c'est ce besoin impérieux d'être aimé sans défaillance et sans absence, faute de quoi on est malade, on dépérit, on ne vit plus, on n'existe plus. Le dépendant est plus dans le besoin d'être aimé que dans le don d'amour et son besoin est insatiable ; c'est un panier sans fond qui exige sans cesse d'être rempli ; tout se passe comme s'il ne s'aimait pas et qu'il demandait à l'autre de l'aimer à sa place. Ses revendications risquent d'épuiser le partenaire.

• La possessivité : le partenaire fournisseur d'amour doit appartenir au receveur et à lui seul. À force de l'avoir à l'intérieur de lui, il a en fait sa propriété.

• La régression : la fusion absolue relève de la fusion infantile du premier âge ; c'est une forme de régression.

Pour toutes ces raisons, la fusion absolue qu'on croirait être le summum de l'intimité en est le tombeau. Pour que vive l'amour, il faut deux individualités distinctes, fortes et indépendantes, entre lesquelles coule la sève du désir et le flux de la vie. Il faut l'autonomie.

L'idéalisation trompe l'amour

Faire de l'amour un jeu de masques et de fantasmes, c'est le vouer à l'absurdité et à la mort. Au lieu de pleurer, désenchanté, sur la fin des artifices, réjouissons-nous de la lucidité qui nous échoit et qui est gage d'amour véritable.

L'identification ruine l'amour

Que devient l'amour quand on le joue avec sa réplique ? Il stagne, il s'assèche, il se meurt. L'amour est fait de mouvements de l'un à l'autre et réciproquement, mouvements déterminés par l'excitation sexuelle, les sentiments, le besoin de connaître et de se faire connaître, le besoin de se dire et d'entendre. En d'autres termes, le désir au sens le plus large est le véritable moteur des échanges. Mais lorsque le vis-à-vis est devenu semblable à soi, on ne peut plus le désirer. Le désir suppose une différence : l'attrait naît d'une dissymétrie, la curiosité naît de l'inconnu et de l'imaginé, les courants (en particulier les courants d'énergie) naissent d'une différence de niveaux. Inversement, l'identique et le trop connu tuent le désir. Peut-on avoir envie de l'autre quand il est si ressemblant ? Que peut-on découvrir chez l'autre quand il n'est que notre copie ? Faute de dénivelé, l'eau stagne et se fait mer morte.

La relation entre semblables est tellement étale et les partenaires déshabités, que l'un d'entre eux finit par aller chercher hors du couple gémellaire un être différent, un être qui ne soit pas lui et pour qui il serait autre. En un mot : un étranger.

Alors, lorsque l'autre se révèle différent, au lieu de crier à la désillusion, bénissons cette différence qui permettra une relation vivante.

Sur le coup, on ne voit pas les aspects positifs de la crise et on se laisse envahir par toutes sortes de peurs :

• Peur-désorientation devant cet(te) inconnu(e) qui se découvre et qu'on n'avait pas prévu : qui est-il(elle) vraiment ? Pourrai-je le(la) comprendre ? Pourra-t-il(elle) me comprendre ? Sommes-nous compatibles ? Pouvons-nous encore nous aimer ? Autant de questions qui montrent que les points de repères sont volatilisés, les êtres déstabilisés, la relation brouillée.

• Peur-angoisse devant l'avenir désormais imprévisible. Cet homme(cette femme) qui devient un(e) autre, en redevenant lui(elle)-même(même), prend ses distances, s'autonomise. Jusqu'où s'éloignera-t-il(elle) ? Et si il(elle) m'abandonnait ? Ici, la peur confine à la panique. La perte de visibilité ou pire, la disparition des projets communs, autres points de repère, contribuent également à la déstabilisation.

• Peur-souffrance : lancinements des manques affectifs et des frustrations sexuelles, plaie des phrases blessantes, voire assassines, reçues au cours des confrontations, et surtout lacération de l'ego qui se fustige : « Si elle(il) s'écarte, c'est que je ne suis pas à la hauteur ; je suis donc disqualifié(e) » ; et de douter de notre valeur, de nos valeurs ; et de nous mésestimer.

Si toutes ces peurs, toutes ces douleurs prennent une telle ampleur, c'est qu'elles réveillent des blessures d'enfance, ressenties quand nos parents, notre mère en particulier, ne répondaient pas à nos besoins d'amour et de valorisation, quand ils refusaient le câlin attendu, le compliment souhaité ou, pire, quand ils nous détestaient ou nous accusaient ou, pire encore, quand ils nous quittaient : pour une heure, soit !, mais pour un jour, mais pour toujours... En l'occurrence, la(le) partenaire (en réalité la situation), en jouant à son insu un faux remake, rouvre une plaie jamais cicatrisée. La fusion absolue nous avait offert les délices de la fusion enfantine ; la défusion nous replonge dans les affres de l'arrachement à la mère.

Des nuages noirs s'accumulent dans l'azur de l'idylle. Des conflits éclatent qui dégradent un peu plus l'atmosphère. Des réactions émotionnelles, des pulsions archaïques mettent face à face ceux qui avant-hier encore étaient unis dans une réciproque adoration. Ils se déchirent et déchirent leur rêve.

Ainsi s'achève la troisième fusion. Le rêve est en lambeaux, le « grand manque » s'ouvre à nouveau, plus béant que jamais. Certains resteront à vie dans cette béance. Le plus grand nombre, après quelque temps de désespoir, l'âme ayant horreur du vide, se remettront en quête d'un autre. Les uns quitteront leur partenaire et partiront à la recherche d'un nouveau rempailleur de manque. Les autres demeureront avec le même partenaire et iront, infidèles, chercher des rêves expédients dans des bras passagers.

Ainsi le « grand manque » qui avait engendré le couple (fidélité comprise) devient, quand il est insatisfait, cause de son éclatement et facteur d'infidélité.

Pour traverser la crise, il y aurait pourtant des voies plus authentiques, plus constructives, plus comblantes : en tirer des enseignements pour inventer une autre façon d'aimer et réinventer une autre fidélité. Ce rêve-là est-il réalisable ?

Chapitre 3

LA FIDÉLITÉ CHOISIE : LES DIAMANTS ET LES SCORIES

Au fond, tous les êtres croient au « grand amour » : s'aimer et s'unir en toute fidélité et pour l'éternité. Ceux qui décident de vivre ensemble, et a fortiori de se marier, le font avec l'intention ou même la certitude de rester fidèle à leur partenaire et de s'engager pour toujours ; surtout s'ils envisagent d'avoir des enfants, ce qui sous-tend un désir de pérennité. Même en ces temps où chacun est conscient de la précarité des unions, cet espoir demeure au cœur des êtres.

Le couple qui vient de se former sera l'enjeu d'une lutte permanente entre des forces de cohésion qui tendent à consolider les liens et des forces d'éclatement qui tendent à les briser. Ce sont les forces de cohésion qui assurent la fidélité.

Les bases biologiques

L'instinct d'attachement

C'est le besoin, propre aux vivants, d'être relié l'un à l'autre. C'est ce qui pousse les animaux à se rapprocher, à se témoigner de bonnes intentions, voire de la tendresse, à s'apparier. Cet instinct, il est important de le souligner, est différent de l'instinct sexuel. Dans beaucoup d'espèces animales, et spécialement chez les oiseaux, des couples se forment avant la maturité sexuelle ; parfois même, on se quitte pour s'accoupler avec un autre partenaire quand vient le temps des amours. Passée la saison de la reproduction, on restera à vie avec ce dernier, lié par l'instinct d'attachement doublé du lien sexuel. Cet instinct est donc ce qui perpétue le couple ; c'est la source de « l'amour » chez les animaux. Pourquoi dénier à l'humain le bénéfice d'un instinct d'attachement ?

La pulsion d'agrippement

En ces temps-là, il y a des millions d'années, les singes (on peut l'imaginer en regardant les singes actuels) étaient pourvus d'une pulsion particulièrement puissante : la pulsion d'agrippement. Grâce à elle, les petits pouvaient s'agripper solidement au pelage de leur mère. Ce comportement était vital : d'une part, il leur permettait, en grimpant, d'accéder aux mamelles de leur mère (car celle-ci ne les soulevait pas) ; d'autre part, il leur permettait de rester solidaire de leur mère quand celle-ci se déplaçait d'arbre en arbre (car la mère ne pouvait les porter). Sans cette prise solide, les jeunes n'auraient pu se nourrir, ni suivre leur mère dans ses déplacements sans risquer de tomber aux pattes des prédateurs qui n'attendaient que ça.

Plus tard, les singes ayant été contraints de vivre dans la steppe, perdirent leurs poils : ce furent les premiers « humanoïdes ». Qu'advint-il alors des enfants qui, du coup, ne pouvaient plus s'accrocher ? La nature faisant bien les choses, l'humanoïde, dans le même temps, se redressa sur ces pattes arrière, ce qui libéra ses bras et ses mains ; il put alors soulever et porter ses enfants : la tendresse était née. L'homme aussi. Ce fut également en se redressant que la femme et l'homme furent amenés à faire l'amour par devant, ce qui contribua à la naissance de l'amour et du couple.

Ce qui importe ici, c'est de savoir que la pulsion fondamentale d'agrippement existe toujours chez l'humain. Chez le nouveau-né, elle détermine le *grasping reflex*, ce puissant agrippement des doigts ou des orteils du bébé sur un crayon qu'on glisse sous la paume de la main ou sous la plante des pieds, agrippement tel qu'il permet de tirer l'enfant. Chez l'adulte, elle s'est métamorphosée en « pulsion d'attachement » : c'est au niveau de la peau ce besoin irrésistible de contacts, c'est au niveau des orifices (buccaux, sexuels) l'envie impérieuse d'être investi, c'est au niveau affectif, le désir d'être proche de son semblable. Ce qui revient à dire qu'en vérité, l'instinct d'attachement nous a bien été donné aussi.

Le phénomène d'empreinte

Un matin, Konrad Lorenz, qui venait d'observer de longues heures l'éclosion d'une couvée d'œufs d'oie, eut la surprise de voir certains des oisillons nouvellement nés se diriger vers lui et ne plus vouloir le quitter, s'attachant à ses pas. Ce phénomène se poursuivit toute la journée, puis les jours suivants et persista jusqu'au jour où les oiseaux, devenus adultes, partirent pour leur migration annuelle. Autre surprise de Lorenz : au printemps suivant, ces mêmes oies revinrent sur le lieu de leur naissance et témoignèrent pour lui le même attachement. Il en fut de même tous les ans. De cette expérience et d'autres qui suivirent, Lorenz tira cette loi : ce que l'animal voit ou entend à l'instant de sa naissance (un animal, un humain ou une chose) devient objet d'amour et l'attachement qui le lie dès lors à lui sera indéfectible. C'est le phénomène d'empreinte. Autrement dit, la perception par un être vivant d'un « existant » externe à un moment critique (dit aussi « sensible »), ici la naissance, imprime en lui un attachement profond pour cet existant.

Le phénomène d'empreinte existe aussi chez l'humain, qui, lui, présente plusieurs périodes sensibles au cours de sa vie ; elles correspondent à des moments d'émotions fortes. La loi chez l'homme peut s'énoncer : l'objet amour vers lequel nous nous dirigeons est celui qui a été imposé par les sens (en particulier la vue et l'ouïe) à des moments cruciaux de notre enfance. Dans nos primes années, une ou peut-être deux ou trois empreintes ont été imprimées en nous par une des personnes qui étaient proches de nous, le plus souvent le parent de sexe opposé ; ce qui nous attachera à vie à cet être. Plus tard, cette empreinte pourra jouer vis-à-vis d'une autre personne qui, par un ou plusieurs traits, physiques ou psychiques, ressemble à la première. Ainsi, notre empreinte nous prédispose à nous attacher à tout être ressemblant à « l'empreinteur » ; elle est un moule en creux, une forme d'attente dans lesquels un beau jour nous installerons tout naturellement un amoureux, une amoureuse. À son tour, cet aimé nous imprimera une autre empreinte et nous attachera à lui, à elle. Ces empreintes gigognes constituent une puissante force de cohésion.

Les bases psychiques

Le besoin de sécurité et d'accomplissement

La femme aussi bien que l'homme a un besoin légitime d'établir une relation stable et exclusive qui devrait constituer pour le couple un espace optimum d'épanouissement (tant sur le plan psychologique que sexuel) et pour les enfants une garantie de développement harmonieux. Encore faudrait-il que la sécurité n'entraîne pas la routine qui, elle, conduit à l'usure du couple.

Le rêve d'un « grand amour »

Nous avons analysé au chapitre 1 les sources de ce rêve issu du « grand manque », lui-même engendré par la nostalgie des paradis perdus de l'enfance et de la vie fœtale. Les cultures ont magnifié ce rêve, en particulier en faisant appel pour le mettre en scène à l'imaginaire. Légendes, contes, arts graphiques évoquent des couples éternels.

En Occident, la culture romantique a fait de l'amour la grande affaire de la vie. Et cela continue : les romans, les films et les dessins animés font toujours rêver les femmes, les petites filles et même les hommes, quoi qu'ils en disent. Les unes attendent le Prince Charmant, les autres cherchent la Belle au Bois Dormant. Nul ne peut s'opposer à ses rêves, non plus qu'à l'inconscient collectif qui charrie les mêmes rêveries.

Il faut quand même dire que la façon dont le romantisme traite l'amour n'apprend pas à aimer véritablement.

Les bases spirituelles

Spiritualité ne signifie pas forcément appartenance à une religion ou croyance en un dieu. C'est une propriété psychique spécifique aux êtres humains. C'est même un besoin. Dans le schéma des besoins humains figuré par une pyramide, Maslow, le fondateur de la psychologie transpersonnelle, situe le besoin de spiritualité au sommet. Il est vrai que tout se passe comme si au-delà des besoins physiologiques fondamentaux (manger, boire, dormir, etc.) et des besoins psychologiques basiques (l'estime de soi, la reconnaissance, etc.) ou même plus élevés (l'accomplissement), était un besoin supérieur : le besoin de transcendance. C'est le besoin de donner un sens à notre existence et à nos souffrances et un sens qui dépasse le « moi » ; il comprend le besoin de reliance, c'est-à-dire de relier notre existence à celle des autres et à l'univers. En bref, la spiritualité c'est ce qui fait passer d'une conscience rétrécie sur l'ego à une conscience élargie au monde. Cette évolution de l'esprit devrait être le but de toute existence humaine.

Quel rapport entre la spiritualité, l'amour et la fidélité ? L'amour peut conduire à la spiritualité et la spiritualité peut inspirer la fidélité.

L'amour peut conduire à la spiritualité

En analysant le « grand manque » (au chapitre 1), nous lui avions donné pour origine la perte de l'état de fusion avec la mère. Est-ce suffisant ? Le manque est trop vaste, trop profond pour qu'on s'arrête à cette seule explication. Et s'il procédait aussi de la perte d'un état d'union plus large et plus transcendant que l'humanité aurait connu en des temps immémoriaux et auquel elle aspire toujours ? Et si en s'unissant, la femme et l'homme cherchaient à restaurer cette unité originelle dont ils porteraient également la nostalgie et à mettre ainsi un terme à ce présent de séparation, de limitation ?

Tous les mythes à travers le monde évoquent une époque où *était* l'unité : unité de l'être, le féminin et le masculin étant confondus, unité de l'univers où tout ce qui était « créé » ne faisait qu'un. Il n'y a pas de fumée sans feu. Pourquoi chercherions nous si nous ne savions pas déjà ce que nous cherchons ?

Selon le mythe de l'Androgyne imaginé par Aristophane et rapporté par Platon, il n'y avait à l'origine qu'un seul sexe, l'être étant à la fois homme et femme. Il portait les deux sexes, le féminin et le masculin, comme il portait deux têtes, quatre bras et quatre jambes. Il était très heureux et très puissant. Jaloux, les dieux demandèrent à Zeus de le couper en deux. Ainsi naquirent deux êtres séparés : la femme et l'homme, pourvus chacun d'un seul sexe. Depuis lors, chaque moitié ne cesse de pleurer l'unité perdue et rêve de la retrouver. Le sentiment amoureux est une aspiration à réaliser ce rêve, l'intimité et a fortiori l'acte sexuel, une tentative extrême de le concrétiser.

Le récit de la Genèse fait également référence à un passé d'unité. La façon dont Dieu, selon ce récit, créa l'homme et la femme pourrait expliquer le besoin d'union. Le créateur a d'abord façonné une unité, un être qu'il appela Adam. Puis il le dédoubla pour créer une dualité – Adam et Ève (verset 2-21). Pourquoi ne pas imaginer qu'en chacun de leurs descendants persiste une nostalgie de l'unité ? D'autant que le créateur incite aussitôt les êtres à se joindre : « C'est pourquoi l'homme quittera son père et sa mère et il devra s'attacher à sa femme et ils devront devenir une seule chair » (verset 2-24). Du reste, il semble qu'en Eden, Adam et Ève, s'ils étaient distincts, n'étaient pas séparés : « Or, tous deux étaient nus, l'homme et sa femme, mais ils n'en prenaient pas honte » (verset 2-25). Sans doute, en cet âge d'or, le bonheur ce n'était pas seulement de vivre sans labeur, sans souffrance et sans peur dans un jardin baigné de soleil, regorgeant de fruits, bruissant de fontaines et égayé de chants d'oiseaux, sans doute ce bonheur était, bien que matériellement distincts, de vivre en étroite communion et de se sentir un tout ? Car, a contrario, le malheur qui s'abat sur eux, aussitôt mangé le fruit défendu, consiste à s'apercevoir qu'ils sont désormais séparés : « Alors leurs yeux à tous deux s'ouvrirent et ils commencèrent à se rendre compte qu'ils étaient nus. Ils cousirent des feuilles de figuier et se firent des pagnes » (verset 3-7). Et à Dieu qui les appelait, Adam répondit : « J'ai eu peur parce que j'étais nu et ainsi je me suis caché » (verset 3-10). C'est de voir leurs âmes désunies, leurs corps écartés, c'est d'être devenus des étrangers qu'ils ont honte. Comment ne pas penser que dès lors les habitera le sentiment d'une absolue séparation et les hantera la mémoire des temps d'union ? Alors ce goût de la fusion ne serait-il pas lié au souvenir inconscient de ces temps immémoriaux ? Et l'amour une tentative de jeter un pont sur la scission originelle ?

Dans ce récit, il est écrit aussi – c'est Jéhovah qui parle à Adam : « Tu es poussière et tu retourneras à la poussière. » Selon certains traducteurs, il faut lire « lumière » à la place de « poussière », et donc entendre que « Lumière, nous retournerons à la Lumière ». Affirmation que l'on retrouve dans nombre de religions et de mythes et qui suggère que cette unité originelle était lumineuse, infinie, illimitée : c'était l'Esprit. Chaque fois qu'un être de chair apparaît, l'Esprit, pour partie, s'y incarne : c'est l'âme. Mais l'être est séparé et au plus intime de lui, l'âme ne cesse de lui souffler le goût de l'infini, de l'illimité. D'où cette aspiration de l'homme à dépasser ses limites, à s'expanser.

Pour se dépasser, l'homme a le choix entre plusieurs voies : l'amour, l'art, la prière ou la drogue. L'amour est la voie la plus communément empruntée. À cela deux raisons : d'abord, l'état amoureux, nous le savons, hisse la conscience à un niveau tout à fait exceptionnel, proche du divin ; ensuite, l'extase orgasmique propulse la conscience au niveau le plus surnaturel qui soit pour un humain, le plaçant pour quelques instants aux confins de ce divin.

De façon prolongée dans l'état amoureux, de façon aiguë dans l'orgasme, l'homme fait l'expérience d'une élévation et d'un agrandissement de sa conscience : sentiment d'amour universel, impression de béatitude, ouverture à l'autre et au monde, exaltation de sa sensibilité, abrogation de ses limites, c'est tout cela qui donne une idée du divin. Alors intuitivement, l'homme sent qu'en tant qu'individu, il contient une part divine, qu'en s'unissant à l'autre il multiplie sa divinité et qu'au-delà de lui doit exister un divin plus vaste : Dieu.

Cela, l'humain l'a su de tout temps. Comme l'écrivent Daniel Odier et Marc Desmedt, « en Inde, le plaisir sexuel était promu au rang de joie la plus proche de la réalisation divine. » Quand Sakti la déesse, et Çiva, le dieu, arrivent aux degrés suprêmes de la rencontre des corps, ils fusionnent et accèdent à la plénitude. « Ils ont reconstitué l'état d'union originelle, ils forment un Tout suprême. Ils ont atteint la connaissance de la vérité totale, l'acte continu de création. ils contiennent tout l'univers. Sakti et Çiva c'est aussi l'homme et la femme. » L'expérience sexuelle, affirment les tantristes, permet de transcender l'état de séparation. « L'union sexuelle cesse d'être une conjonction de deux recherches égoïstes pour devenir la manifestation de la totalité. [...] Il n'y a pas de plus haute réalisation spirituelle. Cette suprême réalisation est le couronnement et l'achèvement total de la destinée humaine en sa cime la plus haute. Elle est l'éternité même dans le noyau de l'être. »

En Chine, les taoïstes tenaient le même langage selon Van Gulik : « Dans l'extase, le taoïste est en communion avec l'univers, terme par lequel il désigne Dieu. [...] La Terre était l'élément féminin, ou Yin, et le ciel l'élément masculin, ou Yang. L'interaction de ces deux éléments formait un Tout. Par extension, l'union de l'homme et de la femme créait aussi une unité. »

De nos jours, le rationalisme ambiant ne nous empêche pas de percevoir ce qu'il y a d'exceptionnel dans l'amour : qu'il est accès à un autre état de conscience, une ouverture à d'autres perspectives. Qu'il rejoint une aspiration jamais morte en nous : nous hisser, nous élargir afin de surmonter pour un temps notre solitude, notre finitude. Car l'amour, et c'est surtout évident dans l'acmé érotique, ouvre l'être à l'autre, le relie à l'autre et instaure une continuité entre les séparés. Mais l'érotisme a des effets plus admirables : dans l'union amoureuse, ce n'est pas seulement l'autre que nous découvrons, ce sont les autres aussi. Épanouis, les amants s'ouvrent aux êtres, se font plus accueillants, plus tolérants, plus serviables.

L'amour à deux, quand il est réussi, est prémice de l'amour universel.

Il est un aspect plus grandiose encore du plaisir amoureux : au-delà de l'autre, au-delà des autres, c'est à l'univers qu'il nous relie surtout. L'amour qu'il génère déborde les humains et s'étend à tous les êtres vivants, animaux et végétaux. On sent bien que l'amour – le désir, le plaisir – n'est autre que le frémissement de la vie qui nous traverse, à l'unisson de tout ce qui vit. J'affirme même que l'amour – le désir, le plaisir – efface la frontière entre ce que l'on appelle vie et ce qu'on appelle matière. Car le plaisir est une coïncidence absolue entre l'esprit et le corps. Et tout se passe soudain comme si nous n'étions plus ni corps, ni esprit, mais mouvement. Et que nous participions alors au ballet universel, à la danse des atomes ou au périple des astres. Vibrations devenus, nous résonnons avec les infiniment petits et dérivons avec les infiniment grands. Et accédons à l'infini.

La spiritualité inspire la fidélité

À partir du moment où la relation de la femme et de l'homme dépasse le sentimentalisme et le physiologique, où le partenaire est plus qu'une projection romantique ou un exutoire des besoins organiques, où il se révèle, comme soi-même, détenteur d'une part divine et porteur de sens, où l'union avec lui réalise la fin de la séparation et l'accès à l'expansion, alors on se situe sur le plan de la transcendance. À ce niveau, la fidélité prend une tout autre dimension : c'est la reconnaissance de la valeur métaphysique de l'autre, c'est un respect du sacré inhérent à la rencontre.

Si l'on franchit un degré de plus dans la spiritualité et qu'on accède à la croyance en un Dieu, on pourra dès lors s'engager devant Lui à demeurer fidèle. Ainsi, la spiritualité peut être à la fois l'inspirateur d'un lien fidèle et le moyen de le faire vivre. Ces fidélités inspirées de transcendance sont comme des diamants.

Les diamants

Ce sont des fidélités authentiques, libres de toutes contraintes et toutes convenances.

La fidélité de grâce

Les deux partenaires s'aiment profondément, ils sont heureux, comblés ; ils ne désirent personne d'autre ni au plan affectif, ni au plan sexuel. La fidélité va de soi. Ces sentiments d'amour et de désir réciproques et exclusifs caractérisent les premiers temps de l'amour ; il arrive que cet état de grâce persiste toute la vie.

La fidélité spirituelle

La fidélité est choisie en référence à une démarche spirituelle :

- une démarche spirituelle laïque : l'union de la femme et de l'homme est considérée comme une voie d'élévation de la conscience : engagement est pris de vivre le couple comme un moyen de s'accomplir et d'aider l'autre à s'accomplir.
- une démarche religieuse : l'alliance entre une femme et un homme relève du sacré et s'opère dans le cadre d'une religion. La promesse est une adhésion personnelle et réfléchie à ces valeurs et non une soumission à des conventions sociales.

Le mariage hindouiste en Orient et le mariage chrétien en Occident, dans leur essence, en sont des exemples.

C'est ce qui reste de la fidélité quand les couples ont usé leur capital-sentiment et perdu le sens de leur union, en supposant qu'elle en avait un.

La fidélité ordinaire

Les sentiments vivotent mais ce ne sont pas eux qui maintiennent fidèles les associés, ce sont de médiocres raisons : la modestie de leurs besoins affectifs et sexuels, le goût de la routine, le manque d'ambition, la soumission passive aux conventions sociales et religieuses, l'attachement à l'argent et aux biens acquis.

Motivations que l'on peut traduire en terme de peurs : peur des complications de tous ordres, peur du changement, peur de la passion, peur de la mauvaise réputation, peur de perdre, peur de manquer. Parmi ces fidèles, on trouve nombre de casaniers, d'inhibés et de psychorigides.

La fidélité subie

Ils se sont aimés, ils ne s'aiment plus ; ils sont indifférents ou pire, hostiles. Ils restent ensemble et fidèles par peur aussi. Peur de la répression : rétorsion pécuniaire, violences.... Peur de la répudiation, peur de perdre les enfants ou de leur faire du tort, peur de manquer de ressources, peur de l'inconnu, peur du vide.

Souhaitons à ces couples de renouer avec la vie et de rendre une signification à leur destin.

Chapitre 4

DE DIVERSES FAÇONS D'ÊTRE INFIDÈLE

LES DIFFÉRENTES SORTES D'INFIDÉLITÉS

Quand sort-on de la fidélité ? Où commence l'infidélité ? Il n'existe aucun contrat écrit qui précise quoi que ce soit à ce sujet. Le seul contrat formulé est celui qui accompagne le mariage civil et le mariage religieux, et qui se résume à l'énoncé : « Les époux se doivent fidélité. » Le contrat moral qui régit la fidélité dans le couple, marié ou pas, est uniquement tacite. C'est donc à chacun, en son âme et conscience, de connaître les limites. D'antan, les fidèles auraient pu demander l'avis de leur confesseur. Car l'Église, alors, avait établi une casuistique des « péchés ». De nos jours, on pourrait demander les lumières de notre psychothérapeute ; justement, sous la plume de Michel Meignant j'ai pu lire : « Traditionnellement on entend par fidélité respecter strictement dans un couple les lois de la monogamie » (3) ; on peut en conclure a contrario que l'infidélité consiste à sortir de la monogamie, ce qui n'est pas très précis. Finalement, notre conscience est seule juge, un juge ou trop permissif ou trop sévère selon le surmoi de chacun.

Peut-on toutefois tracer plus précisément quelques frontières ?

L'infidélité « corporelle » est facile à définir quand elle comprend des actes impliquant le sexe : soit contacts entre les sexes de chaque partenaire, soit contact entre le sexe de l'un et une partie du corps de l'autre, soit contact entre une zone du corps de l'un considérée comme appartenant à la sexualité (seins, fesses) et une partie du corps de l'autre, soit enfin, le contact entre les bouches. L'infidélité est moins facile à cerner lorsque les actes appartiennent à la fois à l'amour sexuel et à la tendresse amoureuse (familiale, amicale) : le toucher, les baisers, l'étreinte ; selon que l'on éprouve du désir ou pas, il y aura infidélité ou pas. Même un regard, une façon de parler ou d'écouter peut constituer une infidélité selon ce qu'on a dans la tête. Cela dit au plan de l'absolu ; mais vous êtes ici encore seul juge et nul ne peut vous faire de procès d'intentions.

L'infidélité psychique est encore plus difficile à délimiter. Autant des déclarations et des mots d'amour ou de désir constituent une infidélité évidente, autant certains conversations intimes sont impossibles à « classer ». Est-ce une infidélité de confier à un tiers ses peines ou ses secrets, spécialement quand on ne les a pas dits à son partenaire ? Mais si on ne l'a pas fait, c'est que peut-être celui-ci ne s'est pas montré accueillant ; il se peut aussi qu'on ait voulu éviter de l'inquiéter ou de le faire souffrir. Ici aussi, tout est dans l'intention. Enfin, est-ce une infidélité de fantasmer une relation sexuelle ou affective avec un tiers ? Au plan de l'absolu, c'en est une ; du reste, ceux qui s'y situent – les amoureux dans la magie de l'état de grâce, les aimants éternels et les idéalistes authentiques – n'ont pas ces fantasmes. Mais dans le réalisme quotidien, chacun est libre de son imaginaire, d'autant que le partenaire peut bénéficier des effets excitants des fantasmes.

On pourrait enfin définir l'infidélité par la peine qu'un acte et qu'une déclaration destinés à un tiers procurerait à notre partenaire ; mais la tolérance de l'autre semble un mauvais critère. Certains sont maladivement jaloux. Et ceux qui sont larges d'esprit le sont pour des raisons diverses : il y a les généreux qui aiment vraiment, les laxistes qui n'aiment plus et les pervers qui n'aiment pas.

Les infidélités non consensuelles

Il existe entre les êtres un contrat tacite de fidélité totale. Les infidélités sont donc accidentelles et forcément clandestines. Il y en a de tous les degrés. Les infidélités « vénielles » consistent à désirer un tiers du regard, lui faire la cour, le lutiner voire le peloter. Le flirt se limite à caresser et embrasser. Le « coup de sang » – d'une heure, d'une nuit – est une poussée pulsionnelle saisissant une opportunité ; il se greffe souvent sur un fond d'insatisfaction. La liaison – d'un mois, de dix ans – est une infidélité qui dure ; presque toujours, le conjoint finit par la découvrir. Il aura le choix entre sommer de rompre, rompre lui-même, tolérer, accepter, voire partager. Nous y reviendrons.

Les infidélités contractuelles

Par principe « philosophique », les partenaires ont convenu qu'ils demeureraient libres de nouer avec des tiers des relations affectives et sexuelles. Au regard du contrat, ces comportements ne sont pas des infidélités ; en tout cas, ils ne sont pas des « trahisons ». Ces situations sont si riches d'enseignement qu'on ne peut les ignorer. Parmi ces infidélités contractuelles, on trouve : le couple ouvert, l'échangisme et les communautés.

Bases des infidélités contractuelles

Les partisans de la non-fidélité développent des arguments qu'il est intéressant de connaître.

La libération des contraintes

Il faut refuser toute contrainte, qu'elle vienne de la morale traditionnelle ou du partenaire, il faut rompre avec les règles habituelles et les conventions et s'inventer sa propre conduite, voire sa propre éthique.

On conteste donc la notion de fidélité et d'exclusivité. Ce principe de n'aimer qu'un seul être est une production de la culture des derniers millénaires, production d'autant mieux acceptée qu'elle est la reproduction de la relation de fidélité établie avec notre mère. Il faut sortir de ce schéma archaïque, rompre la conception classique : « La fidélité est une valeur suprême, l'infidélité une faute grave ». Il faut libérer les êtres de leur culpabilité et inventer d'autres comportements.

L'épanouissement personnel

Dans toutes les civilisations précédentes, l'individu était soumis à la collectivité, à ses lois, à ses intérêts et à ses modes de pensée. Il n'existait que pour et par la société ; il ne pouvait s'affirmer et n'y trouvait pas le bonheur. Désormais, la priorité sera donnée au développement personnel ; il doit passer avant tout le reste, avant la collectivité, avant les proches même (le ou la partenaire, les enfants, etc.). L'individu ne doit plus se sacrifier à quiconque, mais au contraire s'occuper de lui en premier, s'employer à s'épanouir.

La notion traditionnelle de fidélité ne tient compte que des besoins de la société et nullement de ceux de l'individu, de sa vie intérieure, de son évolution affective. Or, les besoins de l'individu nécessitent des rencontres amoureuses plurielles. Aucun être à lui seul ne peut combler un autre être. En soi, l'être est trop complexe, ses composants sont d'une variété infinie et ses attentes illimitées, tant sur le plan affectif et sexuel que sur le plan intellectuel, artistique, etc. ; ses goûts, ses besoins, ses intérêts, ses interrogations sont multiples. S'il n'a qu'un(e) partenaire, il condamne nombre de besoins à rester insatisfaits. En revanche, les relations extraconjugales permettent de répondre à un plus grand nombre d'attentes et enrichissent l'individu. Elles lui permettent aussi de se frotter à d'autres partenaires, ce qui l'aide à se construire et à évoluer.

En outre, en raison de l'impermanence des choses et de la mouvance de la conscience, les affinités et les sentiments changent, ainsi que les idéaux et les croyances ; tel partenaire qui convenait à une époque peut ne plus convenir à une autre. Alors, la relation extraconjugale compensera la relation conjugale devenue insatisfaisante. Pourquoi l'individu, au nom du principe de fidélité, s'obligerait-il à demeurer insatisfait ? Du reste, s'il était trop frustré et si la relation issue du passé ne convenait vraiment plus, rien ne l'obligerait à la poursuivre ; son progrès personnel lui commande de s'en défaire.

Au fond, la seule fidélité qu'on ait à reconnaître, c'est la fidélité à soi-même, qui consiste à affirmer sans concession ce que l'on est profondément et à faire ce pour quoi on est fait.

Les retombées positives

L'existence d'un second partenaire améliore et renforce la relation conjugale. Tout ce qui nourrit, renouvelle et égaie l'un profite à l'autre et au couple. Les nouvelles vibrations que l'un a reçues vont bénéficier à l'autre. On a même vu des relations extraconjugales sauver des couples. Soit que l'infidèle y apporte de nouvelles « recettes » érotiques, soit qu'il y amène la bonne humeur qui lui vient de son nouvel amourachement.

Il est possible d'aimer deux êtres, voire plusieurs

Vraiment, peut-on aimer deux personnes en même temps ? La question fut posée aux Français dans une enquête de mars 1998 menée par la revue *Psychologie* : « Etes-vous plutôt d'accord ou plutôt pas d'accord... avec l'idée que l'on puisse aimer deux personnes à la fois ? » 41 % des personnes répondent « d'accord », 56 % « pas d'accord ». Ce sont les 35-49 ans et les jeunes concubins qui, en majorité, ont répondu « d'accord ». Le commentateur de s'interroger : « Assisterait-on à une nouvelle étape, celle du passage des amours successifs à un amour multiple simultané que certains appellent amour en archipel ? » Les choses ne sont pas si simples, car dans la même enquête, comme nous l'avons vu par ailleurs, 67 % des Français sont d'avis que la fidélité est « la chose la plus indispensable » pour réussir une relation amoureuse.

Chloé : « Quand David avait une liaison, je me retrouvais seule certains soirs ou certains week-ends. Même si j'étais d'accord par contrat qu'il ait une maîtresse, j'avais un cafard fou. Mais je ne voulais pas prendre un amant, je l'aimais. Cependant, un soir où je me sentais particulièrement délaissée, j'ai décidé que si une occasion se présentait, je ne la refuserais pas. Quelque temps plus tard, il s'est fait qu'un homme m'a vraiment plu et j'ai fait l'amour avec lui. J'ai découvert qu'on pouvait aimer deux êtres, bien que de façons complètement différentes. Du reste, j'avais bien vu que David continuait de m'aimer tout en aimant une autre. L'amour pour l'un ne diminue pas l'amour pour l'autre. C'est comme dans une famille, ce n'est pas parce qu'il arrive un enfant de plus qu'on n'aime moins ceux qu'on a déjà. Ou comme avec des amis, quand on a un nouvel ami ou une nouvelle amie, on n'arrête pas d'aimer les autres. En plus, ma liaison m'a permis de dépasser mes souffrances. »

Qu'il soit possible d'aimer deux personnes en même temps, toute l'histoire de l'humanité le prouve et nombre de femmes ou d'hommes que nous connaissons ont vécu la situation ; certains même ont entretenu des amours doubles ou même pluriels pendant de longues années.

Encore faudrait-il s'entendre sur le mot « aimer ».

Analyse des bases de l'infidélité contractuelle

Autant la nécessité de se libérer des contraintes archaïques et le désir d'épanouir pleinement sa personnalité s'inscrivent dans une démarche de progrès humain, autant la primauté absolue donnée à la liberté et à l'individu, quand elle est interprétée de façon excessive, comporte des risques de régression de notre humanité. À force de parler de liberté, on en oublierait l'amour, qui, lui, implique des devoirs et des engagements. À force de parler de son propre développement, on en oublierait le dépassement de soi et l'existence de l'autre – l'autre étant aussi bien le(a) conjoint(e) que la relation extraconjugale. À force de refuser la culpabilité, on en oublierait la responsabilité. Alors l'objet de l'amour ne devient plus qu'un objet, qu'on prend ou qu'on jette en fonction des besoins psychiques du moment. Cette relation utilitaire n'est pas de l'amour.

Quant à la possibilité d'aimer deux personnes en même temps, elle est discutable. Éprouver un sentiment plus ou moins assorti d'envie sexuelle, voire une passion, pour une seconde personne, est possible, nous l'avons dit ; on est là dans l'émotionnel facile. Aimer véritablement deux êtres, avec un égal désir, la même énergie, le même mouvement de don, la même volonté de cheminer dans une voie spirituelle, le même engagement et que tout cela dure et que tout le monde soit heureux, est quasi-impossible. Même si au départ on était plein de générosité et de bonne volonté. C'est une question de temps et d'énergie.

• Peu de personnes disposent d'assez de temps pour faire face à leurs obligations familiales et professionnelles, s'occuper d'elles (de leurs talents, de leur recherche spirituelle, etc.) et assurer de façon valable deux relations amoureuses. Le nombre d'heures dans une journée est limité.

• Peu de personnes ont un capital d'énergie tel qu'ils peuvent combler deux êtres. L'amour vrai implique un don de soi, une extension de soi, un travail sur soi qui nécessitent une grande dépense énergétique. Or, on peut dire que nos réserves sont juste suffisantes pour satisfaire notre conjoint, nos enfants et nos parents. Si nous dispersons notre énergie tous azimuts, la quantité que nous pourrons investir dans la relation de base sera moindre ; si nous allons au-delà de nos limites, jusqu'à l'épuisement, l'amour que nous donnerons d'un côté comme de l'autre sera de moindre qualité : nous serons moins oblatif, moins réceptif, moins disponible. Qui trop embrasse, mal étreint.

Sans doute l'activité amoureuse entraîne-t-elle une recharge d'énergie allant même jusqu'à l'exaltation, spécialement dans les débuts d'une nouvelle relation. Mais lorsque les activités sont plurielles, il en va tout autrement. Passée la période d'euphorie, la surconsommation et la dispersion des énergies liées à la « double vie » et les déperditions causées par les complications qui surgissent rendent le bilan énergétique négatif ; d'autant que l'usure sentimentale finit par s'installer aussi sans le couple extraconjugal.

Ce raisonnement, d'apparence comptable, peut choquer les « romantiques » autant que les « progressistes ». Hélas, l'évolution des événements confirmera ces données réalistes. Sous l'effet cumulé du surmenage et des stress, les nerfs de l'un ou de l'autre lâchent : l'asthénie, l'anxiété, l'angoisse ou la dépression qui surviennent prouvent qu'il n'est pas anodin de dépasser ses limites. Seuls des êtres exceptionnellement pourvus d'énergie peuvent aimer plusieurs personnes sans sombrer ; encore faut-il qu'ils sachent gérer leurs réserves avec beaucoup de discipline.

Nous avons évoqué ci-dessus la survenue de complications. Elles peuvent provenir du(de la) conjoint(e) qui, en dépit du contrat, se sent délaissé(e), souffre et déprime. Il faut reconnaître que même quand l'infidèle s'efforce de ne pas léser son(sa) conjoint(e), une partie du temps et de la sève énergétique lui est retirée. Les complications peuvent provenir aussi de la relation extraconjugale qui, ne se satisfaisant pas de la situation de supplétif, souffre et déprime également ; sans oublier l'éventualité d'une passion qui, la saisissant, entraîne tout le monde dans toutes sortes de drames. Il est vrai que la position de second rôle du(de la) partenaire extraconjugal(e) n'est pas confortable, quand bien même il(elle) savait « à quoi s'en tenir » : il(elle) ne reçoit qu'une fraction du temps et de la sève énergétique de son amant(e). En outre, il(elle) a souvent l'impression d'être « utilisé(e) », ce qui est contraire à l'essence de l'amour. Quant au conjoint en situation d'infidélité, il croit pouvoir rester maître de ses sentiments, mais en réalité il n'est pas à l'abri d'une passion qui, l'embrasant, mettrait en danger son couple de base.

Les complications peuvent également concerner la santé de chacun et spécialement la santé mentale. Outre les troubles nerveux déjà cités (anxiété, etc.), ce sont de véritables troubles psychiques qui peuvent apparaître : dédoublement de la personnalité, confusion mentale, bouffées délirantes. Sans doute sont-ce plutôt les sujets particulièrement fragiles psychologiquement qui sont sujets à ces retentissements ; toutefois, on a vu des êtres « normaux » vaciller. Il faut dire que les souffrances, les frustrations, les absences, les déceptions, les conflits, les insomnies, l'insécurité, les déchirements, les mensonges, les tricheries et le double jeu, véritable situation schizoïde, ont de quoi provoquer des distorsions de la personnalité, par ailleurs fragilisée par les pertes d'énergie.

Michel Meignant, fondateur de l'« amourologie », après trente ans d'expérience de psychothérapie du couple et de travail sur lui-même, n'hésite pas à écrire : « Le conjoint [...] doit savoir que s'il aime ailleurs, il n'aime tout simplement nulle part. Par conséquent, il ne peut prétendre aimer s'il n'interrompt pas l'une de ses deux relations amoureuses. Évidemment, il doit en décider en toute liberté, hors de toute pression donc hors de l'autre. » (3)

Il est vrai qu'on peut se poser la question de la qualité de l'amour d'une personne qui prétend aimer son(sa) conjoint(e) et cherche un(e) autre partenaire à aimer. Quand on aime, on n'a pas envie d'aimer quelqu'un d'autre et l'on n'est pas disponible pour désirer une autre personne, on ne « voit » même plus les autres femmes ou les autres hommes, on ne les voit plus avec les yeux du sentiment et du désir ; la question de la fidélité ne se pose même pas, elle va de soi, elle est inhérente au « je t'aime ». C'est en tout cas vrai dans deux situations privilégiées ou l'absolu l'emporte : l'état de grâce des premiers temps de l'amour – état qui chez certains êtres peut persister toute la vie – et ensuite l'état de véritable amour.

Enfin, on peut se demander si le besoin de rechercher d'autres relations ne traduit pas une insuffisance de travail sur soi et sur son couple. S'il nous faut aller chercher à l'extérieur des moyens de panser nos blessures et de nous affirmer, c'est que l'on n'a pas assez travaillé pour les trouver en soi et cesser sa quête infantile. Et s'il nous faut chercher en dehors du couple de base des satisfactions, c'est que peut-être on n'a pas suffisamment fait progresser la relation pour s'y sentir comblé.

Ce besoin d'autres au pluriel peut aussi signifier que, pour l'instant, le sens profond et le sacré de l'amour nous ont échappé.

Le couple ouvert

C'est une monogamie permissive. Par contrat, on convient de vivre en couple mais d'avoir une totale liberté sexuelle, c'est-à-dire de s'accorder des possibilités de relations extraconjugales. On convient plus précisément :

— de rester dans le couple, autrement dit de ne jamais demander de séparation ;

— de continuer à donner à ce couple la priorité sur tous les plans (matériel, érotique, etc.) ;

— de continuer à assurer les soins à la famille et aux enfants ;

— de tout se raconter et de se présenter la(le) partenaire ;

— de prévenir le(la) partenaire extraconjugal(e) que l'on ne quittera jamais son(sa) conjoint(e).

Dans la réalité, l'application de ces idées n'est pas simple, comme en témoigne l'histoire de Laury et Patrick.

Laury : « Malgré le contrat, quand Patrick m'a mis au courant de sa première liaison, j'ai eu très mal ; j'ai même fait de la dépression. Aussi j'ai décidé de faire une psychothérapie pour moins souffrir, pour essayer de guérir de ma jalousie. J'ai pris conscience que je vivais trop à travers Patrick, que j'étais dépendante de lui. J'ai travaillé sur moi pour devenir affectivement autonome. Puis, j'ai pris un premier amant. Il y en a eu d'autres ensuite. Ces relations extraconjugales ne m'ont jamais apporté beaucoup de satisfaction. Quant à Patrick, il ne pouvait pas les supporter. À chaque fois, il était très jaloux. Pourtant c'était lui l'initiateur du contrat.

« Moi-même, malgré mon travail de psychothérapie, je continuais de souffrir chaque fois que Patrick prenait une nouvelle maîtresse. Et quand il partait la rejoindre, c'est comme si on m'arrachait le cœur. J'avais honte de ma souffrance, je voyais bien que je pataugeais dans mon ego et dans la possessivité. J'ai fait tout mon possible pour dépasser cet ego. J'ai été jusqu'à aimer la femme que Patrick aimait. En réalité, je n'ai pas réussi à supprimer la souffrance, je l'ai seulement atténuée. Je n'accepte la situation que parce que je sais que la meilleure façon de rendre Patrick heureux est de lui laisser sa liberté.

« Au fond, je ne suis pas sûre que ma souffrance et mon attachement à Patrick ne relèvent que de l'ego. Quand on fait l'amour, je sens qu'il y a quelque chose d'extraordinaire, nous sommes grands ouverts l'un à l'autre, nous fondons de tendresse et nous nous fondons. Je sens qu'il se passe quelque chose qui nous dépasse. Et cela, je ne le ressens qu'avec lui et seulement dans les périodes où il n'a personne d'autre dans sa vie. Ça, ça ne peut se ressentir qu'avec un seul être. Ça ne vient que dans la sincérité, l'exclusivité. C'est trop grand, c'est trop profond. »

Patrick : « J'ai beau aimer Laury, j'ai toujours besoin d'une seconde femme en dehors de notre couple. Ça me rend encore plus heureux, plus plein d'énergie, plus plein de vie. Et j'aime encore plus Laury. Jamais je n'ai senti que cela nuisait à notre couple, en ce qui me concerne. Mais paradoxalement, je déteste que Laury ait un amant. Je déteste imaginer qu'elle est en train de faire l'amour avec un autre homme ; la jalousie me tord les tripes, c'est atroce. Mais j'ai bien dû l'accepter puisque moi-même j'ai des liaisons. De toute façon, c'était le contrat. Quand même, il m'a fallu fumer de l'herbe pour atténuer mon angoisse, il n'y a que cela qui m'aide à supporter.

« Ce serait simple si l'amour n'était qu'un jeu et les rencontres des parties de plaisir. Mais il faut toujours que les sentiments s'en mêlent et les problèmes affectifs compliquent tout. Et puis, quand je fais l'amour avec Laury, il se passe chez moi aussi des choses extraordinaires ; on plane ensemble et je suis si bien que je n'aime plus qu'elle et que je ne désire plus qu'elle. Je crie son nom. Il n'y a qu'avec elle que je ressens cette impression de surnaturel. Je suis comme voué à elle.

« Ni Laury ni moi, on n'a pu se guérir vraiment de la souffrance et de la jalousie. Alors il y a trois ans, on a décidé de ne plus se dire nos aventures et de les garder pour soi. Ça a été très difficile car nous ne sommes pas faits pour les cachotteries. Et puis un mensonge en entraîne un autre, lequel en entraîne d'autres encore. À ne pas vivre dans la sincérité, notre relation devenait bizarre. »

Laury : « Aussi, depuis quatre mois, on a décidé de ne plus avoir de relations extraconjugales et de s'aimer dans l'exclusivité. Ces relations extérieures comportaient trop de souffrances et elles nous mangeaient trop d'énergie, même si elles étaient enrichissantes. Et c'est vrai que ça a été une expérience qui nous a élargis et qui a approfondi notre relation de couple. Mais vraiment c'était trop de souffrances. »

Patrick : « Et puis ça attentait au côté “sacré”de nos relations sexuelles. Quand l'activité sexuelle est dispersée, le sexe se banalise. Maintenant, on pourra donner encore plus de sens à notre vie sexuelle, car on sent que la sexualité c'est autre chose que de se procurer du plaisir. Ces expériences de conquêtes multiples, je m'en rend compte aujourd'hui, ce n'était que du narcissisme, ça me flattait. Et puis c'était une mode aussi. On peut s'enrichir sans coucher à droite et à gauche, il y a tellement d'autres façons. »

Laury : « Au fond, il y avait beaucoup d'infantilisme dans le comportement de Patrick. Maintenant je le sens mature, responsable. Et plus respectueux de moi et des autres femmes. Et il n'a plus besoin de fumer de l'herbe. »

Les difficultés

Un déséquilibre dans le couple

Le plus souvent, un seul des membres du couple se trouve à l'aise dans cette situation et en tire profit : c'est celui ou celle qui a initié l'ouverture, l'autre n'a fait qu'accepter et suit sans beaucoup d'enthousiasme. Souvent même, cet(te) autre ne se décide à prendre un(e) amant(e) à son tour que parce qu'il lui est pénible d'être seul(e) les jours où son(sa) conjoint(e) va chez sa maîtresse (son amant). C'est pourquoi les confidences diffèrent selon le membre du couple.

Guillaume déclare : « Je me sens à l'étroit dans un couple monogamique, j'ai besoin d'autres rencontres, je ne peux absolument pas m'en passer. » Michèle, sa conjointe, avoue : « J'ai accédé à ses idées de couple ouvert parce que je ne peux nier son besoin ; et je l'aime assez pour lui laisser le choix ; mais il faut de l'amour, beaucoup d'amour pour accepter la réalité. »

Muriel : « J'ai toujours eu deux hommes dans ma vie et j'aime en changer. Le monde masculin me fascine, je vais de découverte en découverte ; les hommes sont tous différents, c'est passionnant. Mais j'ai un port d'attache, un homme auquel je reviens tout le temps. »

Cyril, son conjoint de base : « C'était le contrat au départ. Elle va de liaison en liaison, moi je suis le permanent. Mais j'ai pour elle un amour inconditionnel et une immense admiration. C'est une femme extraordinaire, mais elle a besoin de se sentir complètement libre, c'est un oiseau-lyre qu'on ne peut mettre en cage. De toute façon, elle revient toujours et le temps que je passe avec elle ça me remplit pour des semaines. Mais ça n'est pas toujours facile. »

J'ai reçu un certain nombre de couples ouverts et j'ai toujours décelé chez l'un des membres du triangle un fond de tristesse. Et j'ai surpris plus d'une fois des larmes rouler sur les joues d'un des protagonistes – conjoint(e) ou amant(e) – qui, pourtant, se voulait serein(e). Oui, les choses ne sont pas si simples.

L'inévitable souffrance

On se voulait par principe « philosophique » débarrassé de ces vils sentiments que sont la souffrance, la peur, la jalousie et la possessivité. Las, ils sont au rendez-vous, ces traîtres. On ne peut éviter ce serrement de cœur ou cette onde d'angoisse quand l'autre s'en va on ne sait où, ou ne rentre pas. On ne peut s'empêcher de penser qu'on est sûrement atteint de quelque insuffisance et que ce qu'on n'a pas, l'autre l'a. Ni alors s'empêcher de se sentir mis en compétition, et alors là, on n'est pas sûr de gagner. Cette absence d'un soir, d'un jour, nous remet en question, nous fait douter de nous ; du doute de soi à la peur de perdre, il n'y a qu'un pas : « Si je ne tiens pas la comparaison, elle va me quitter ; et quand bien même je serais le(la) meilleur(e), qu'est-ce qui garantit qu'une passion imprévisible ne l'emportera pas ? »

Sans doute sont-ce encore des réactions narcissiques et affectives infantiles. Il nous faut accomplir un travail en profondeur pour dépasser le doute de soi, la peur de l'abandon et la possessivité. Peut-être alors atteindrons-nous une sagesse telle qu'on pourrait non seulement ne plus éprouver de tristesse devant les aventures de l'autre, mais se réjouir de tous ses bonheurs.

Les conditions de réussite

Le couple ouvert est un jeu très dangereux qui met le lien à rude épreuve. Pour qu'il se déroule sans drame et sans rupture, il faut que soient réunies beaucoup de conditions sine qua non :

• Que le couple soit très solide : que les deux partenaires s'aiment très fort et même d'une façon exceptionnelle, qu'on pourrait dire « karmique » ; qu'ils sachent communiquer parfaitement ; qu'ils ne s'ennuient jamais ensemble et qu'ils aient une bonne entente sexuelle. De plus, le couple devra avoir une volonté profonde de tout faire pour rester ensemble et de toujours trouver une solution à toute crise.

• Que chacun des partenaires soit psychologiquement solide et mature : qu'il s'aime assez lui-même pour avoir confiance en lui ; qu'il ait pansé ses blessures ; qu'il soit autonome. Les immatures, les abandonniques, les possessifs devront faire un travail sur eux sous peine de catastrophe.

• Que le(la) partenaire extraconjugal(e) soit également mature et sache cultiver le détachement. Tout attachement excessif aboutira à des tentatives d'appropriation de l'infidèle, ce qui entraînera des complications.

• Que tous les partenaires aient le contrôle de leurs sentiments, sinon la jalousie et la passion les emporteront dans des événements destructeurs.

• Que tous les protagonistes s'agréent, voire soient en sympathie.

• Qu'il y ait un équilibre entre les relations extraconjugales de chaque conjoint : que ce ne soit pas toujours le même qui ait des liaisons tandis que l'autre se retrouvant seul(e) trop souvent, finisse par se sentir délaissé(e).

En conclusion, il faut savoir que le couple ouvert n'est pas une voie facile ; elle est même extrêmement difficile. Mais est-ce une voie ?

La communauté

Plusieurs personnes vivent dans un même lieu et partagent tout : leurs maigres revenus, leur peu de biens et leurs amours. La durée de vie d'une communauté est assez courte : deux ou trois ans.

Le(la) communautaire est une personne « en recherche » sur le plan psychologique ou même spirituel. Il se veut non-conformiste, voire avant-gardiste. C'est un écolo, un non-violent, un partisan du non-avoir. De toute façon, sa démarche s'inscrit dans un désir de transformation de sa conscience.

Partisan de la non possession, il est contre la propriété – il ne possède pas de biens – et contre le mariage et toutes autres formes d'appropriation d'un être, tel la constitution d'un couple permanent. Dans la communauté, chacun a le droit de coucher avec le partenaire de son choix. Par ailleurs, tous les membres de la communauté sont égaux, quel que soit leur niveau social.

Le communautaire rêve d'inventer une nouvelle culture et une nouvelle échelle de valeurs. Il se félicite de vivre au grand jour, en toute franchise, ce que les autres vivent hypocritement dans des liaisons clandestines derrière une façade de fidélité. Il considère que le non-attachement à une personne est une véritable libération. Il estime que nul ne pouvant satisfaire la totalité des besoins d'une personne, cette satisfaction ne peut venir que d'échanges multiples. Il fait de cette expérience un travail destiné à découvrir et approfondir sa vraie personnalité, à transcender sa possessivité et à élever sa conscience.

Cependant, quel que soit son positionnement intellectuel, le communautaire ne pourra échapper aux sentiments humains les plus ordinaires et rencontrera en lui la souffrance, la jalousie, le besoin de s'approprier, le ressentiment et même l'esprit de revanche. Il faut dire qu'il n'y a pas de pire contexte pour réouvrir des blessures. Ceux qui sont venus avec un(e) partenaire ou se sont attachés à un membre du groupe, ne peuvent s'empêcher de souffrir en voyant leur préféré(e) rejoindre la couche d'un autre membre. Comme tout un chacun, ils se sentent diminués (« Qu'est-ce que j'ai de moins que lui, qu'elle ? ») ou menacés (« Qu'est-ce qu'ils sont en train de combiner pour m'éliminer ? »). Ils tentent alors de dépasser leur souffrance en se disant que l'autre n'est pas un rival mais un ami et que les amis de nos amis sont nos amis. Et que vive l'amour universel ! Il leur reste à faire un grand travail sur eux pour mettre en adéquation leurs idées novatrices et leur affectivité.

Tous les témoignages concordent : au bout de quelques mois dans ce cadre pluriel, on en a assez de la dispersion et on a besoin d'une relation sûre et stable. Un peu à la fois, on se disperse de moins en moins et le(la) partenaire qui était le(la) principal(e) devient de plus en plus important(e), jusqu'au jour où l'on quittera définitivement la communauté au bras de cet(te) élu(e).

La jalousie est un problème qui, malgré un travail de conscience, reste non résolu. Elle mine les assises des communautés et les fait échouer. À se demander si elle peut vraiment se réduire à un phénomène culturel qu'il faut dépasser, comme le prétendent certains penseurs. À croire qu'elle serait plutôt un fait biologique, analogue à la notion éthologique de territoire. Alors le besoin de s'ancrer dans un couple, le besoin d'entretenir des relations de couple sûres et exclusives deviendrait une réalité à considérer avec sérieux et respect.

L'ÉCHANGISME

Le but est simple : agrandir le champ du plaisir en multipliant le nombre de partenaires sexuels. L'infidélité ne concerne que le corps car le(la) conjoint(e) est présent(e) et même participe ; notre attachement à lui(elle) n'est pas en cause et c'est avec lui(elle) qu'on repartira la soirée passée. Le (la) partenaire de rencontre n'est qu'un objet sexuel. Bien entendu, ici le sexe est dédramatisé et désacralisé.

Régis : « Nous sommes mariés depuis 23 ans ; j'aime toujours ma femme mais c'est le désir qui manque maintenant. Alors quand je la vois désirée par d'autres et jouissant avec d'autres, ça relance mon désir. Quand on rentre, on conserve ce désir et nos liens se resserrent. »

Sonia, sa conjointe : « Je n'ai pas conscience de tromper Régis ; il est d'accord, c'est même lui qui a eu l'idée. Il est présent, on ne sépare pas, quand je jouis il me donne la main. »

Carole : « Mon mari est devenu impuissant. Les plaisirs qu'il ne peut plus me procurer, il m'offre de les trouver dans les groupes. Il n'y a pas de tromperie puisque tout se passe sous ses yeux. Il ne peut être jaloux puisqu'il dirige la manœuvre. »

Ce que veulent les échangistes, c'est sortir de la routine, réaliser leurs fantasmes et éventuellement compenser des insatisfactions. Sans doute y a-t-il, sous-jacentes, quelques motivations moins claires : la nécessité de frôler la peur de perdre pour relancer ses sentiments, la satisfaction d'un certain masochisme en voyant sa partenaire prise par un autre.

Quand l'échangisme se pratique dans des clubs spécialisés, les partenaires ont un contrôle complet de la situation : elle s'inscrit dans un cadre limité dans l'espace et le temps, elle ne concerne que des inconnus de passage. Il n'en va pas de même lorsque les échanges se font entre particuliers dans des lieux privés ; ici, les gens se connaissent ou font connaissance, des relations interpersonnelles se nouent et peuvent déborder la rencontre du jour. Les couples sans problèmes et dont chaque membre est bien structuré pourront traverser sans encombre cette expérience ; même si le couple ou l'un des deux partenaires subit quelques turbulences, il finira par retrouver son équilibre.

Il n'en est pas de même des couples en difficulté ou dont un membre, ou les deux, sont mal structurés. Rapidement, des problèmes apparaissent : l'un des membres du couple, en se comparant à la personnalité ou à la sexualité d'un tiers, ou bien en constatant que son conjoint montre une préférence pour un élément du groupe, sera affecté ; la jalousie, la perte de confiance en soi, le doute quant à ses aptitudes sexuelles, la peur de perdre son aimé(e) ne tardent pas à survenir. Or rien n'est pire pour l'activité sexuelle que l'atteinte de l'ego et l'insécurité. De fait, les performances baissent et c'est le cercle vicieux qui mène à la déroute. Le couple est compromis. Un autre danger menace le couple : l'un des partenaires se prend d'un profond dégoût pour la sexualité et pour celui qui l'a entraîné dans cette histoire. S'ils ne savent se retirer ensemble, à temps, leur amour y laissera des plumes, sinon la vie. Enfin, un ultime danger apparaît après un certain temps de pratique : la lassitude de la fantaisie et l'impression que, désormais, il n'y a plus rien d'intéressant, que c'est le vide. Rien n'est pire que de se retrouver lassé après avoir réalisé des fantasmes qui du coup ne sont plus opérants. Le renouvellement de ces rencontres multiples use très rapidement le côté magique promis par le renouveau. C'est la mort du désir.

Il faut aussi savoir qu'en dehors de ses dangers potentiels, l'érotisme pluriel ne peut constituer un traitement de fond de l'usure du désir. Pas plus du reste que les aventures extraconjugales, les films pornos et les gadgets. S'ils peuvent pimenter quelque peu le désir affadi des couples assoupis, ils ne peuvent faire reflamber le désir dans les couples en difficulté relationnelle ou sentimentale. La réanimation du désir passe ici par une reconstruction du couple qui elle-même exige une nouvelle communication et l'accès à l'amour vrai.

Chapitre 5

LES CAUSES DE L'INFIDÉLITÉ

LES CAUSES GÉNÉRALES

Ici, ce sont les forces d'éclatement que nous allons voir à l'œuvre. Elles poussent les partenaires à s'écarter de l'axe du couple. Elles sont donc causes d'infidélités.

CAUSES « HÉRÉDITAIRES » LOINTAINES

Nos ancêtres préhistoriques et nos cousins les singes pratiquant dans leur immense majorité l'amour libre et la polygamie, aurions-nous, nous les humains, en raison de cette parenté, les mêmes tendances ? De fait, 80 % de la population humaine est polygamique. Deux constatations plus précises pouvaient le faire prévoir :

— c'est du chimpanzé que nous sommes les plus proches génétiquement, or, celui-ci est polygame ;

— l'espèce humaine présente un dimorphisme sexuel (l'homme a une corpulence supérieure à celle de la femme) ; or, cette différence, qui engendre la dominance du mâle, caractérise les races qui pratiquent l'amour libre.

D'une façon générale, nous le savons également, dans le règne animal auquel nous appartenons, la pratique de l'amour libre l'emporte, les mâles couvrant plusieurs femelles et les femelles se faisant couvrir par plusieurs mâles. C'est un impératif qui vise à augmenter les chances de reproduction afin d'assurer la survie de l'espèce. Cet impératif biologique persiste chez l'homme. À lui de le dépasser.

Causes inhérentes à la nature humaine

L'agitation sexuelle

L'humain conserve au fond de lui un désir orienté tous azimuts et une « tendance exploratoire » qui le pousse à se rapprocher de ses semblables, à les toucher et à vouloir les connaître. Cette faim de l'autre est extrêmement puissante. Parfois, elle se manifeste de façon irrésistible. C'est ainsi que l'on voit des hommes ou des femmes reconnus fidèles et « vertueux » y succomber au mépris de leur réputation ; ou des hommes et des femmes chargés de lourdes responsabilités familiales y céder en dépit de conséquences graves. Même le risque de mort n'y change rien : beaucoup de gens s'y laissent aller sans précaution au risque de contracter le Sida ; beaucoup de femmes s'y laissent emporter au risque d'être exécutées (dans les pays ou les époques obscurantistes).

Ces écarts, ces coups de folie ne s'expliquent pas par la seule pulsion sexuelle. Ils correspondent aussi à un besoin de vie intense, de merveilleux, d'évasion, de transcendance et de transgression aussi. S'il ne s'agissait que de « besoin d'organe », l'humain n'entourerait pas sa recherche de partenaire de tant d'émotions, de sentiments, de rêves, de décorum, de mise en scène, bref de tout le cortège de son cœur et de son imaginaire.

« Je ne peux, dit Laurence, me passer de rencontres, de surprises, de découvertes. C'est ma façon de reprendre des forces, de la jeunesse, de relancer mon imagination. Pourquoi être condamnée à ne désirer qu'une seule personne ? Pourtant je tiens à mon mari. Lui et mes enfants sont le centre du monde. »

« C'est peut-être une maladie, dit Alexandre, j'aime ma femme, mais je ne peux m'empêcher d'aller voir ailleurs. Ça m'élargit à d'autres horizons. Le monde reste ouvert. »

Les artistes, les poètes et les religieux cherchent au fond d'eux-mêmes les sources du renouveau et de la transcendance ; les savants et les explorateurs les recherchent dans le monde extérieur ; mais le commun des mortels n'a d'autres ressources que « l'autre » – son corps, son cœur –, un autre qui devient le réalisateur de leur « grand rêve » et le co-héros d'une « aventure sentimentale » qui semble à portée de main et qui est bien la plus aventureuse qui soit.

Que font de cette « agitation sexuelle », de cette tendance exploratoire, ceux qui restent fidèles ? Peut-être sont-ils aussi artistes, religieux ou savants et trouvent-ils au-dedans d'eux ou dans le monde de quoi satisfaire leur besoin d'évasion, d'envolée. Peut-être savent-ils être pour leur conjoint un magicien : celui qui est multiple, celui qui est renouvelé, celui qui est imprévisible, celui qui est mystère. Et qui anime, étonne, émeut, fait rire. Qui met du désordre dans l'ordre.

Je pense aussi que ceux qui restent fidèles voyagent beaucoup dans l'imaginaire. L'exploration, ils la pratiquent au travers des romans, des œuvres théâtrales, des films, des œuvres d'art. Quant à l'agitation sexuelle, ils la vivent en fantasmes ; les êtres qu'ils désirent, ils les invitent en pensée dans la phase d'excitation de la relation sexuelle, mais quand survient l'orgasme, ils reviennent à la personne aimée.

Les contradictions

L'humain est fait de contradictions, ce qui peut le rendre inconstant. Selon que ses forces de cohésion ou ses forces de dispersion l'emportent, il sera fidèle ou pas. Nous sommes nous-mêmes parfois désorientés par nos propres ambivalences, ambiguïtés ou paradoxes. Rien en nous n'est univoque, nos sentiments, nos pensées, nos désirs. Quand l'affectif s'en mêle, c'est pire : on peut vouloir une chose et son contraire : je veux un grand amour qui m'enchaîne jusqu'à la mort et je veux être libre comme l'air. Je veux m'engager et au moment de le faire pointe un désir de liberté. Je veux être fidèle et c'est alors que se produit l'infidélité. Je veux être un héros pour celle que j'aime et je lui demande de me materner. Je suis gentil et méchant à la fois. Vrai et faux.

Il faut accepter d'être ainsi, c'est le propre de l'Homme. Dans les langues anciennes, les mêmes mots désignaient une chose et son contraire. Et Freud avait confirmé que toute crainte est doublée d'un désir. Nous sommes vraiment bipolaires, à l'instar de tout ce qui existe au monde, ce qu'avaient vu depuis des lustres les philosophes et les religieux ; ces derniers, en particulier les manichéens, donnant à cette bipartition une connotation morale – le Bien et le Mal, l'Ombre et la Lumière. Même lorsqu'elle se situe à la pointe du progrès technologique, comme dans l'informatique, notre pensée fonctionne de façon binaire.

Accepter de se savoir ambivalent permet de voir plus clair en soi et assure une certaine maîtrise de sa vie intérieure.

Le phénomène des facettes

En vérité, les êtres sont plus que bipolaires, ils sont multipolaires. Comme les pierres taillées, ils ont de multiples facettes ; comme le manteau d'Arlequin, ils sont faits de plusieurs couleurs. Ces facettes et ces couleurs concernent tous les plans du psychisme, le conscient autant que l'inconscient. Chaque facette porte une sensibilité particulière, des désirs bien à elle, des possibilités propres ; chacune aspire à être reconnue, illuminée et à briller. Virtuelle, chacune est en attente de l'événement ou de l'être qui saura la révéler. Mais comme elle n'est visible que sous un certain angle, elle peut avoir échappé à un partenaire et être décelée par un autre. Même si les deux partenaires l'avaient décelée, peut-être qu'un seul pouvait la satisfaire.

Julie a deux amants : « Chacun, dit-elle, a des qualités différentes ; à deux ils se complètent et me comblent, m'équilibrent. »

Jacques a deux maîtresses : « Chacune, déclare-t-il, correspond à une partie de moi qui a besoin de vivre. Pour être entier, il me faut plusieurs femmes. »

Guillaume : « On ne peut rester fidèle toute une vie sans frustrer des parties de soi-même. On a besoin pour mieux se connaître, mieux se comprendre, de se mesurer aux désirs des autres. Chaque nouvelle partenaire dévoile une facette cachée de moi. »

Madeleine a trouvé, semble-t-il, une réponse au problème des facettes. C'est une ex-soixante-huitarde : « Dans les années 70, j'ai eu de nombreux amants. Érotiquement je m'éclatais. Il m'arrivait de changer de partenaire chaque semaine. J'ai eu aussi des passions. Mais je ne me souviens plus de mes amants de corps et je n'ai rien appris de mes nuits frénétiques. Quant à mes passions, c'était beaucoup d'exaltation et pas mal de souffrances, mais je n'en ai pas retenu grand chose non plus ; aveuglé, obsédé, mon moi tournait en rond comme un cyclone. Non, il ne m'est rien resté de ces relations orageuses, ni de ces hommes pour qui, pourtant, j'aurais cru mourir. Ils ont disparu, corps et biens. Par contre, les hommes que j'ai désirés et approchés mais sans passer à l'acte, sans me laisser emporter, ces hommes m'ont beaucoup appris et on se revoit. Au fond, le sexe mis à part, ce qu'on recherche dans l'autre, c'est à se confronter à une conscience, à s'enrichir et à évoluer à son contact. Les amitiés, et spécialement les amitiés amoureuses, permettent cela. On va plus loin avec les amis quand l'amitié est profonde, qu'avec les amants. »

La vie est un fleuve

Notre vie psychique est un flux continu : le temps s'écoule et coulent et passent nos pensées, nos sentiments, nos goûts. Rien n'est stable. Déjà dans le cours d'une même histoire d'amour, les sentiments fluctuent ; c'est une alternance de débordements et de basses eaux, une succession de flux et de reflux, selon que le cœur s'accélère ou se ralentit. Et périodiquement, l'un aime plus que l'autre. Jusqu'au jour où l'un n'aime plus du tout, le plus passionné peut-être.

Si l'on prend l'évolution d'une vie, on s'aperçoit mieux encore à quel point les choses changent. Rien en nous et au-dehors de nous n'est immuable. Celui que nous sommes à 60 ans n'est pas pareil à celui que nous étions à 50, à 30 ou à 20 ans. Cette « impermanence » de toute chose est un des thèmes de réflexion de la philosophie bouddhiste.

Il s'ensuit que ce qui nous avait rapproché de notre partenaire et lié à lui (à elle) – les sentiments, la sensibilité, les goûts, les intérêts – a changé. Il arrive qu'on se dise qu'il n'y a plus de raisons d'être ensemble. Certains mettent un terme à la relation ; d'autres la poursuivent mais font appel à des êtres extérieurs pour satisfaire leur nouvelle personnalité. L'impermanence est donc cause d'infidélité.

Nombre de penseurs ont fait de l'impermanence un dogme, réduisant ainsi la vie à une fatalité ; cela arrange beaucoup de personnes, qui trouvent là une excuse pour se laisser mener vers des expériences sans avoir à le décider, vers des directions sans avoir à en faire le choix. L'impermanence est trop souvent l'alibi philosophique d'un reniement de sa volonté, d'un renoncement à ses responsabilités. En réalité, si le fleuve de la vie porte et emporte notre barque, nous avons toutefois la possibilité de la contrôler et ainsi d'éviter que le courant nous éloigne de l'axe de notre vie et nous écarte de notre partenaire. Dans chaque vie, il y a une possibilité de permanence ; elle s'organise autour du « Deviens ce que tu es », lequel implique « Fais ce pour quoi tu es fait ». C'est en gardant le cap sur ce projet qu'on donne un sens et une cohésion à sa vie.

Réussir sa vie de couple peut être le but – et le moyen – de notre évolution. Alors il faut veiller à ce que notre barque ne perde pas le contact avec celle de notre partenaire. Pour évoluer soi-même sans perdre de vue l'évolution de l'autre, il faut entretenir une communication véritable, cultiver une grande ouverture de cœur, accepter et même se réjouir des différences qui apparaissent (ce sont des sources d'enrichissement réciproque) et ménager des temps d'évolution commune (recherches en commun, projets de co-création). On ne se perd que si l'un évolue et pas l'autre ou si l'un évolue sans tenir compte de l'autre. Une vie, même faite de courants et de cascades, peut être une unité ; un couple, même assailli de tourbillons, peut être une œuvre continue.

Le quotidien : usure et monotonie

La vie commune au quotidien a pour effet d'amoindrir les sentiments, de démythifier le partenaire et de dépoétiser la relation. L'ordinaire succède à l'extraordinaire, la routine à l'imprévisible, la monotonie à la vie tonique. L'amour s'étiole, la relation s'envase, le bonheur se meurt. Surtout quand les partenaires ne font pas d'effort pour entretenir l'amour et nourrir la relation. Alors, l'infidélité survient comme une révolte contre la monotonie, une insurrection contre la mort.

Nicole s'ennuyait dans un couple qui ronronnait dans ses habitudes. Pourtant, elle sentait bien que la vie, c'était autre chose que ce train-train. Elle sentait au fond d'elle-même les remous d'une puissante énergie vitale qui ne demandait qu'à jaillir. Elle avait vainement tenté de réveiller son conjoint. Aussi n'hésita-t-elle pas lorsque le destin lui offrit une aventure. « J'avais envie de me sentir à nouveau vivante et belle, intéressante et désirée. J'avais besoin de sentir de l'enthousiasme. »

Il faut être vigilant dans un couple. La vie procède par cycles. Un être qui s'assoupit peut un beau jour sentir ses forces vives se ranimer ou prendre conscience qu'il est temps de développer telle capacité jusqu'alors négligée. Si le partenaire n'y prend garde et ne sait accompagner ce besoin de renouveau, gare au couple...

Le quotidien, c'est aussi la routine sexuelle et le risque d'usure du désir. Prévenir et guérir cette usure doit être l'objectif impérieux de tout couple. Je vous renvoie à ce sujet à mon *Traité du désir*.

Il est vrai que les infidélités sont souvent inspirées par l'envie de nouveauté, le besoin de se régénérer hors d'un couple où les habitudes, les répétitions et la routine ont mené à l'ennui, à l'asphyxie et à l'extinction de l'élan vital. Il est donc souhaitable de s'enrichir sans cesse pour être toujours pour l'autre une source abondante et de se renouveler pour offrir à l'autre une eau toujours fraîche. Ainsi s'entretient l'intérêt du (de la) partenaire pour nous. C'est aussi bien dans le domaine du métier que dans celui des arts, de l'histoire, de l'action sociale, de la religion, que sais-je, qu'il faut mener ses recherches. Le travail personnel sur soi multiplie également notre profondeur et notre abondance.

Il est enfin souhaitable de préserver sa part de mystère. Une autre cause d'usure, c'est la certitude de connaître l'autre « par cœur », de tout savoir de lui, de n'avoir plus rien de nouveau à découvrir, plus rien de neuf à attendre. C'est aussi une loi humaine que de se lasser de ce qu'on connaît trop et depuis trop longtemps. Seul ce qui ne se laisse pas saisir est éternel.

Aussi, pour rester désirable, préservez votre mystère : ne soyez pas totalement transparent(e), cultivez des zones de pénombre. Ne soyez pas entièrement prévisible, efforcez-vous de surprendre et pour cela, ne cessez pas de vous enrichir, de vous renouveler. Demeurez quelque part insaisissable, gardez des silences. Ainsi l'autre ne pourra plus vous cerner complètement, ni épuiser jusqu'à son fond votre contenu. Alors vous le verrez intéressé, excité, voire fasciné par votre part d'inconnu sans cesse régénérée, tourner autour de vous, se poser des questions, essayer de vous comprendre, s'acharner à vous prendre. Et plus vous entretiendrez votre part de mystère, plus son désir sera vivant.

Une erreur serait, à l'inverse, de croire trop vite qu'on a « fait le tour » de l'autre. Les êtres sont trop complexes pour être cernés complètement. C'est au partenaire de faire l'effort de découvrir l'autre, de le faire s'ouvrir, d'éplucher toutes ses pelures. Quand on pense connaître par trop l'autre, c'est qu'on est resté à sa surface et qu'on ne lui a pas donné l'occasion de s'exprimer vraiment.

À vrai dire, la relation amoureuse nécessite de concilier deux pôles contraires dont chacun est indispensable :

— Le besoin de sécurité et de fidélité qui permet la concentration des énergies, l'harmonie et les projets, mais expose à l'endormissement et à la routine.

— Le besoin d'insécurité, d'imprévisibilité qui entretient la vigilance et la ferveur en soi et l'intérêt du partenaire pour nous.

Causes liées à l'enfance

Le « grand manque »

C'est lui qui pousse à rechercher sans cesse le partenaire qui saura combler sa béance. Quand le conjoint n'y suffit pas ou n'y suffit plus, on s'en va quêter hors du couple.

Le chiffre 3 ou le trio œdipien

Il est des cas où l'infidélité n'est autre que la réalisation d'un programme régi par le chiffre 3. C'est sous ce signe que fut placé notre premier amour : l'enfant qui « désire » le parent de sexe opposé se trouve alors confronté à un couple ; cette expérience précoce, laissant une trace indélébile dans l'inconscient, induit chez certains une tendance à s'inscrire dans une relation triangulaire.

Soit le cas d'une femme qui prend un amant. Si elle est mariée, la combinaison affective trielle est : elle + son mari + son amant, le mari représentant la figure paternelle. Si elle n'est pas mariée, elle « s'arrangera » pour tomber sur un homme marié, réalisant la combinaison : elle + son amant + la femme de son amant. Soit, maintenant, le cas d'un homme qui prend une maîtresse. S'il est marié, la distribution est : lui + son épouse + sa maîtresse, l'épouse figurant la mère. S'il n'est pas marié, il tombera fort à propos sur une femme mariée et le casting sera : lui + sa maîtresse + le mari de sa maîtresse, celui-ci représentant l'instance paternelle.

En se plaçant dans de telles situations, la femme ou l'homme retrouve les douleurs et les ambiguïtés de l'enfance ainsi que le cortège des fantasmes et des désirs de cette époque. Par exemple, l'homme qui s'éprend d'une femme mariée retrouve les souffrances de ses premières années associées aux fantasmes de désir de la mère et de haine mortelle du père.

On peut se demander comment il se fait qu'on va ainsi au-devant de la douleur. C'est qu'il existe un mécanisme psychique imparable : la répétition de la souffrance. Dans l'inconscient, la mémoire d'une jouissance masochiste qu'on avait ressentie dans une situation douloureuse incite à rechercher des situations analogues.

Les manifestations du chiffre 3 nous poussent parfois à de curieuses décisions, par exemple, nous faire épouser un conjoint prédestiné à l'infidélité (un homme inconstant, une femme séductrice), de façon à nous situer dans une combinaison triangulaire, mais cette fois, non plus dans le rôle de « trompeur » mais dans celui de « trompé ». Prenons le cas d'une femme dont le mari a une maîtresse. Dans le triangle (elle + son conjoint + la maîtresse de son conjoint), cette dernière représente la mère de cette femme.

Parfois, l'inconscient est plus perfide encore : une femme prend un amant qui est marié, mais ce qui l'intéresse en réalité, c'est la conjointe de cet amant, qu'elle assimile à sa mère. Le but du jeu est d'exiger de l'amant qu'il quitte sa conjointe, comme elle avait espéré voir son père délaisser sa mère pour l'enfant qu'elle était.

La dialectique madone-putain

Une femme tendre, une femme épouse, une femme maîtresse de maison, une femme mère, tout cela rappelle à l'homme quelqu'un qui était semblable, mais qui était intouchable car objet du plus grand des tabous : sa mère. En plus, cette femme lui a donné des enfants, ce qui la sacralise encore plus. Alors, inconsciemment, l'homme est tiraillé entre son désir pour elle et une sorte de respect. Il tranche : par devoir, il fera l'amour avec elle mais « à la papa » ; pour les fioritures, les trente-six positions, les recherches en tout genre, les excès et les records, il s'adressera à des femmes extérieures, des femmes libres de tout ce contexte de respectabilité : des maîtresses ou des prostituées. Dans tous les pays monogamiques, les choses se sont toujours passées ainsi. Des Romains jusqu'aux bourgeois du XIXe siècle, les hommes face au dilemme désir-respect, on choisit la dichotomie. Ainsi c'est la respectabilité de la femme-épouse qui engendre l'infidélité de l'époux.

Il existe toutefois des hommes qui tranchent autrement : quand le désir les pousse vers leur épouse, c'est la respectabilité qu'ils taillent en pièces : ils traitent la femme de putain et, joignant le geste à la parole, la traitent en putain. Abaisser la femme pour pouvoir lui faire l'amour, c'est ainsi que les machos ont toujours résolu leur dialectique madone-putain.

Reste une autre solution, inverse des comportements précédents : transférer le respect dans la sexualité, faire de l'activité sexuelle un érotisme sacré, faire de la partenaire une célébrante. Ce qui n'est pas pensable en Occident où la chair est péché depuis deux mille ans. Sauf à réinventer le sacré de l'amour.

L'immaturité

C'est souvent par immaturité qu'on court de bras en bras. Car en réalité, c'est une mère ou un père qu'on cherche.

Il est vrai que l'état amoureux permet à chacun de rejouer les enfants. Les premiers temps de la rencontre constituent une forme de régression infantile, l'amour naissant faisant réémerger notre enfant intérieur. Et chacun de redevenir qui une petite fille, qui un petit garçon. Pour le meilleur et pour le pire.

Le meilleur, c'est le bon côté de l'enfant. Il nous incite à déposer armes et armures et nous invite à nous offrir à l'amour ou à révéler notre attente, confiant, vulnérable. Il nous permet aussi de redevenir naïf, joueur, créatif, câlin. Et, par le jeu et la tendresse, d'accéder à la fusion. Ce bon côté, on peut l'accueillir avec humilité, c'est le meilleur de l'amour.

Mais on se méfiera du pire, du mauvais côté de l'enfance que la régression a exhibé aussi. Ce sale gosse est tyrannique, et d'autant plus qu'il fut blessé. Il exige qu'on l'accepte inconditionnellement, qu'on réponde immédiatement et totalement à toutes ses attentes, qu'on se consacre entièrement à sa blessure. Il exige enfin qu'on soit semblable à lui, qu'on adopte ses goûts, ses habitudes, ses croyances. Tout cela, il l'exige de façon expresse, voire avec rage ou même violence. De vorace, il peut se faire terroriste. Pour être au service de cet enfant et conforme à ce qu'il veut, le partenaire doit renoncer à ses propres besoins.

Tant qu'il est dans l'état amoureux, le partenaire se voue à cet enfant dont le bon côté est attachant. Mais un jour arrive la phase de crise. Le partenaire le plus mature sort le premier de la confusion (illusions, projections, idéalisation) de l'état amoureux, s'autonomise et prend un peu de recul. L'autre, le plus immature, panique, croit à la trahison et à l'abandon. Le premier, que la crise a encore plus mûri, lucide, voit devant lui un enfant éperdu au lieu de l'adulte qu'il attendait. Comme il l'aime malgré tout, il reste avec lui. Mais c'est l'enfant terrible qui rompra, pour repartir à la recherche d'une autre mère de substitution. À moins qu'il ne s'évade épisodiquement pour se faire materner de ci, de là.

Les immatures sont fondamentalement instables et leur parcours affectif chaotique. Ils accumulent ruptures et divorces et collectionnent les infidélités. Ils s'emballent et s'engagent prestement mais déchantent aussi vite. Ils continueront à se rendre malheureux et à semer le malheur tant qu'ils n'auront pas conscience que l'être absolu (telle une mère, un père) dont ils rêvent, n'existe pas. Que c'est à eux de mûrir et de trouver en eux l'absolu. Ils pourront enfin passer de l'état amoureux à l'amour véritable.

« Mon mari, dit Laurence, c'est mon troisième enfant. J'essaie de le changer, mais toutes nos discussions sont vaines. Il dit toujours que rien n'est de sa faute, qu'il est un mari modèle. Et que c'est moi qui ne l'aime pas assez. J'en ai marre d'être la mère d'un enfant de 30 ans. »

Le mauvais choix

Le choix de son(sa) partenaire est dicté par l'inconscient, à partir d'éléments dont la plupart y sont inscrits depuis l'enfance. Mais l'inconscient ne faisant pas toujours bien les choses, les infidélités sont souvent en germe dans le choix originel.

Le choix par l'empreinte

Dans notre mémoire profonde, nous l'avons vu, se trouvent une ou deux « empreintes », inscriptions indélébiles des traits (physiques ou psychiques) d'une personne qui nous fut proche dans un moment sensible de notre vie (un moment où nous étions dans un état particulier de réceptivité). Le plus souvent, cela s'est passé dans l'enfance et c'est un des parents qui a été imprimé en nous.

Un jour, on rencontre un être qui coïncide plus ou moins avec une de nos empreintes, en d'autres termes, qui ressemble par quelques traits à la personne qui nous impressionna dans le passé. On tombe amoureux et aussitôt, on s'emploie à parfaire l'adéquation de l'élu et du modèle. Pour cela, on fait appel à des processus psychiques bien connus : la survalorisation, qui pare l'élu de toutes les qualités, la projection, qui lui prête nos rêves, l'identification, qui la rend semblable à nous. Il ne reste plus qu'à l'incorporer dans la fusion. Bien sûr, cette élection était des plus hasardeuses et la relation qui s'ensuivit des plus artificielles. C'est pourquoi, un jour, tout s'effondre comme un château de cubes. Certains plantent là le jeu. D'autres tentent de reconstruire l'édifice ; d'autres enfin, vivotent au milieu de cubes étalés et, infidèles, vont visiter d'autres châteaux.

Le choix par complémentarité

L'inconscient nous pousse parfois à choisir un partenaire par complémentarité. Ce qui revient souvent à élire un être dont la névrose compensera, équilibrera notre névrose. Voici quelques exemples de ces mariages de névroses :

- La dépressive épousera un partenaire rassurant, protecteur qui la paternera ; le protecteur y trouvera son compte car ce rôle le valorise et compense son manque névrotique de confiance en lui. À l'inverse, le dépressif choisira une partenaire maternante.
- Le(la) phobique choisira un partenaire contre-phobique, qui s'interposera devant la menace fantasmée.
- Le(la) voyeuriste élira un(e) exhibitionniste.
- La masochiste convolera avec un sadique qui s'ignore, comme dans l'histoire de Chantal : son père alcoolique la battait et battait sa mère. Son premier mari paraissait être à l'opposé de son père, mais au bout de quelques mois, il se révéla buveur et brutal ; elle le quitta. Son second mari n'avait jamais bu et ne s'était jamais montré agressif ; pourtant, il devint lui aussi alcoolique et violent ; elle divorça. Son troisième compagnon était un gentil garçon, mais, policier de son état, il se complaisait à narrer des histoires de coups et de meurtres, signe d'un sadisme latent ; et

voilà qu'il se mit à la battre en faisant l'amour et elle de jouir pour la première fois. Ainsi, la violence du père de Chantal avait imprimé dans son inconscient des tendances masochistes ; ces tendances lui avaient fait choisir des partenaires virtuellement sadiques qui, à son contact, voyaient leur sadisme se révéler. Leurs complémentarités latentes n'avaient pas échappé à leurs inconscients.

L'avenir des couples complémentaires n'est pas totalement sombre ; ils peuvent être solides et fidèles : une dépendance réciproque les soude et un certain équilibre s'installe entre eux et en eux. Toutefois, deux pièges les attendent qui peuvent faire capoter leur union. D'une part, une sorte de surenchère : par exemple, la masochiste peut réclamer de plus en plus de souffrances ou le sadique de plus en plus de jouissances ; ces attitudes les amèneront à leurs limites et à des complications fatales. D'autre part, une évolution divergente : l'un des deux partenaires « guérit » et n'a plus besoin de l'autre. Dans les deux cas, le couple entre en dysharmonie. Les uns rompent, d'autres restent ensemble mais vont « piocher » à l'extérieur des compléments à leur névrose. Cependant, s'ils évitent les deux pièges, les partenaires complémentaires peuvent, par interaction, évoluer de concert dans la bonne direction et réaliser un couple épanoui.

Le choix du châtiment

Il est des cas où l'inconscient est particulièrement vicieux : c'est quand nos désirs inconscients, nonobstant l'avis de nos désirs conscients, nous poussent vers des êtres qui nous seront maléfiques. Tout se passe comme si un sentiment de culpabilité enfouie nous dictait de prendre, à titre de châtiment permanent, un partenaire négatif. Bien qu'on ait deviné ses travers, on croit qu'on va pouvoir les amender ; du reste, les transformations liées à l'état amoureux sembleraient confirmer nos espoirs. Mais passée l'exaltation des débuts et conclu le mariage, le naturel chez le partenaire revient au galop. Combien de femmes ont cru « sauver » un alcoolique en l'épousant. Neuf fois sur dix, elles ont mis la main dans un engrenage infernal. Leur restera à se séparer de l'homme ou à le « tromper ». Sauf à l'aimer héroïquement, ce qui se voit.

Causes liées à la relation femme-homme

Les infidélités messages

C'est la femme qui en use le plus souvent. Elle voudrait que son conjoint l'écoute, qu'il soit plus tendre, qu'il lui fasse l'amour autrement, qu'il la comprenne, qu'il la sorte. Elle le lui a dit, fait sentir, redit de nombreuses fois. En vain : il esquive ou n'entend pas. Alors elle prend un amant pour lui donner à réfléchir et l'amener à accéder à ses désirs. Elle veut aussi le tester (« Tient-il vraiment à moi ? ») et le punir (« Ça lui apprendra »). Bien sûr, elle veut aussi se tester (« Serais-je moins séduisante ? »). Par la même occasion, elle vérifiera s'il existe vraiment un homme comme elle en rêve.

Catherine a tout fait pour se faire comprendre de son mari : il s'étonnait de ses remarques et de ses demandes ; pour lui, tout allait bien. De guerre lasse, elle s'est lancée dans une aventure extraconjugale, « comme pour jeter un pétard dans la relation et voir comment c'est au-dehors ». C'est tout récent, mais déjà, elle est satisfaite : « Mon amant, quand il me regarde, il me voit, et quand il m'écoute, il m'entend. Il remarque le moindre changement : une autre façon de me coiffer, un nouveau chemisier, la nouvelle paire de chaussures achetée la veille. Avec lui, ça vaut le coup de se demander : “Qu’est-ce que je mets ?” ».

Les hommes, eux, quand ils ne sont pas satisfaits, le disent rarement. Henri, comme tant de maris, trouve que sa femme est plus mère qu’épouse. « Comment lui dire cela ? Je n’aime pas réclamer. Et puis, j’aurais l’air d’être jaloux des enfants. » Alors, il a pris une « petite amie ». Oui, faute d’oser demander, les hommes vont plus vite chercher dehors ce qui leur manque.

Infidèle pour s’affirmer

C’est également une attitude plutôt féminine en ces temps où la femme cherche à conforter son identité. Après quelques années faites de concessions, voire de soumission à son mari et à sa famille, faites aussi de routine, la femme a l’impression de s’être dissoute, de ne plus savoir qui elle est vraiment et quels sont ses désirs propres. Elle a également l’impression de s’être enlisée et que son évolution s’est arrêtée. À la réflexion, elle trouve que, décidément, il lui a manqué de voler de ses propres ailes. Alors elle décide d’avoir une aventure pour mieux se redéfinir et progresser.

Souvent, elle n’analyse pas d’emblée la situation. Elle éprouve une insatisfaction sexuelle, elle s’y focalise et quand elle décide de prendre un amant, c’est à ses yeux pour ce motif qui est ce qu’il y a de plus tangible et de plus évident. Mais au cours de son aventure, elle prend clairement conscience que son insatisfaction est plus vaste et concerne aussi son évolution psychique. Ce qu’elle cherche en réalité, c’est qu’on l’aide à découvrir toutes les dimensions de sa personnalité.

L'infidélité ne me semble pas être le meilleur moyen d'affirmer son identité. Cette recherche se déroule dans des conditions peu favorables, en ce sens qu'elle ne bénéficie pas de l'énergie d'un engagement et qu'elle s'accompagne souvent de culpabilité. Avoir réussi à séduire un homme et à obtenir son premier orgasme donne assurément confiance en soi, mais ce n'est qu'un succès d'amour-propre, pas une métamorphose. De plus, ce succès risque d'être éphémère car l'apport d'énergie fourni par le partenaire n'est que provisoire.

La découverte de la vraie signification de son existence, la transformation réelle et durable de sa personnalité et de ses comportements ne peuvent s'obtenir que par un travail sur soi, ce qui demande du courage et du temps, bref, un effort soutenu. Ce qui suppose aussi l'aide d'un thérapeute.

Nadine, quand elle se maria, choisit d'assister son mari dans sa carrière, d'être son soutien inconditionnel et pour cela, de faire tout ce qu'il voulait, quitte à renoncer à ses propres besoins. C'était se condamner à sacrifier sa propre personnalité et à vivre à travers l'autre. Mais plus elle lui donnait, plus il exigeait, et moins il était reconnaissant. Un jour, elle prit conscience qu'elle n'existait vraiment plus pour lui et encore moins pour elle-même. Elle se ressaisit et décida de modifier la situation avec comme objectif de se changer et de le faire changer. Mais il s'opposa à tout changement, bloquant de ce fait toute évolution. Alors, Nadine prit un amant. Elle reprit confiance en elle, retrouva son appétit de vivre et cessa de travailler pour son mari pour se consacrer à la peinture, un talent qu'elle avait toujours négligé car ni son père, ni son mari ne l'y avaient encouragée. Apparemment, cette rencontre extraconjugale l'avait changée. Mais pour des raisons diverses, son amant dut mettre un terme à leur liaison. Nadine sombra dans un état dépressif sévère et recontacta sa difficulté à exister par elle-même. Cette aventure l'avait fait progresser mais ne l'avait pas transformée. Elle entreprit une thérapie et découvrit enfin qui elle était, pour quoi elle était faite et comment vivre par elle-même.

CAUSES LIÉES À LA CIVILISATION ACTUELLE

La liberté sexuelle

C'est d'abord dans les esprits que s'est affirmée la liberté sexuelle, en particulier pour la femme ; cette évolution est une vraie révolution – la révolution sexuelle. La nouvelle morale proclame que le plaisir sexuel est un droit et un but légitime et que chacun est libre de disposer de son corps.

Ce n'est qu'ensuite que les instances officielles ont modifié les lois. Ce qui, dans la législation civile, réprimait la vie sexuelle s'est assoupli ; l'adultère en particulier n'est plus considéré comme un délit. En ce qui concerne les interdits religieux, l'assouplissement porte sur les joies sexuelles mais pour ce qui est de « l'adultère », rien n'est changé.

Les hommes ne peuvent se rendre compte autant que les femmes à quel point la liberté sexuelle est une révolution. Eux ont toujours allègrement commis force « péchés de chair » et « adultères » sans encourir vraiment les rigueurs des lois civiles ou religieuses. L'État et l'Église, institutions patriarcales, étaient d'une indulgence complice avec eux. Même l'opinion publique était de leur côté ; un homme qui trompait sa femme avait droit à des appréciations qui se voulaient flatteuses (c'était un « galant », un « séducteur », un « Don Juan ») ; même vulgaires, elles étaient élogieuses (« chaud lapin », « sacré coureur », etc). Les femmes adultères, elles, ont subi les pires outrages et les pires châtiments, en Occident comme en Orient. Et l'opinion publique était féroce avec elles : c'était des « dévergondées », des femmes « légères », etc. Et les mêmes qualificatifs qui désignaient les hommes infidèles prenaient pour les femmes une connotation dégradante : elles étaient des « séductrices », des « coureuses », etc. Par contre, la femme fidèle était portée aux nues et montrée en exemple. Ce traitement injuste de la femme « adultère » fait partie de la politique répressive des mâles que la peur de la femme obsède.

Il faut noter que la liberté sexuelle de la femme n'a pu s'affirmer que parce que, dans le même temps, deux faits majeurs survenaient : la contraception scientifique, qui détachait l'activité sexuelle du risque de grossesse ; et la libération de la femme : autre véritable révolution qui la débarrassait de toutes les entraves que les législations et les coutumes avaient nouées autour d'elle. Désormais, elle était l'égale de l'homme, avait la même valeur, les mêmes lois, les mêmes droits que lui sur tous les plans, y compris le plan sexuel. L'État l'avait reconnu, l'opinion publique aussi. Si une femme « trompe » son mari, on dit maintenant : « C'est son problème », voire dans certains cas : « Elle a bien raison ».

Cependant, en ce qui concerne les conjoints et autres concubins, rares sont ceux qui acceptent authentiquement et de gaieté de cœur la liberté de *leur* compagne. Il leur faudra réviser leur position car les femmes tiennent beaucoup à leur autonomie sexuelle. Elles savent faire maintenant le clivage que l'homme a toujours fait entre le désir et l'amour. Elles peuvent aimer le conjoint avec qui elles vivent et par ailleurs avoir des relations sexuelles pour le plaisir.

Il était souhaitable que les femmes et les hommes reprennent la libre disposition de leur corps. Les interdits qui le brimaient, sous couvert d'une spiritualité en elle-même respectable, faisaient partie des moyens mis en place par l'homme pour contrôler la femme. La donne a changé. Mais il ne faudrait pas jeter le sens avec l'eau de la libération et faire de la liberté un dogme supérieur à l'amour, de l'infidélité une obligation et dénier à la sexualité toute transcendance. Sans doute faut-il réinventer une autre fidélité qui ne soit pas contraire à la liberté et qui ait à nouveau un sens.

La perte du sens

Justement, dans la mesure où l'union d'une femme et d'un homme n'est plus présidée par une transcendance laïque ou religieuse, elle se vide de sens et se fragilise. Je parle ici d'idéaux et non de contraintes : la foi en un dieu, la vocation à « fonder une famille », l'idée de « donner un enfant à la patrie » et plus généralement la notion de « devoir », y compris de devoir de fidélité. On peut discuter du bien-fondé de ces croyances tenues pour désuètes, mais il faut constater que la disparition de toute transcendance soustrait encore au couple une force de cohésion.

L'individualisme

Nous avons vu, dans la description du couple ouvert, que l'individu, après des siècles d'oppression par les institutions collectives civiles ou religieuses, relevait la tête. Désormais priorité est donnée au « moi ». À chacun de se libérer et de s'affirmer : se libérer des croyances et des interdits qui écrasent la personnalité ; s'affirmer dans toutes ses dimensions –

affectives, intellectuelles, artistiques et sexuelles. Sur le plan affectif plus aucune contrainte ne doit nous lier. Il faut s'éclater. Quant à la fidélité, seule compte la fidélité à soi-même et à ses besoins.

Il est vrai que la raison d'être de tout individu est de s'épanouir. Et vrai aussi que l'épanouissement de l'un profite à l'autre et aux autres ; nous verrons que pour savoir aimer, il faut s'aimer. Mais il faut prendre garde : du développement de l'ego à l'égoïsme, il n'y a qu'un pas. Or, la recherche de son seul bonheur et plaisir, le manque d'altruisme, la disparition de l'idée de devoir, ne constituent un progrès ni pour la personne ni pour la civilisation. L'individualisme, poussé à l'excès, est une fermeture sur soi, une forme de schizophrénie. À l'extrême, la monade est la mort de la communauté et de l'individu lui-même. L'altérité est le garde-fou de l'être, c'est-à-dire ce qui l'empêche de devenir fou.

Avoir et paraître

Notre société prône l'avoir et le paraître. Ce qui compte de nos jours, c'est d'avoir : une belle femme, une belle situation, de l'argent, des biens, des objets-gadgets, bref, de consommer, quitte à jeter après usage. Cette mentalité s'applique à la relation femme-homme. Alors on consomme les êtres comme on abuse des gadgets. Avoir un conjoint, une conjointe, ne suffit pas, il est bien d'avoir aussi des amants, des maîtresses.

À vrai dire, si l'on veut avoir toutes sortes de partenaires et d'objets, ce n'est pas tellement pour en jouir que pour paraître celui qui est capable de les acquérir. Car ce qui compte aussi c'est de paraître, c'est-à-dire d'avoir l'air : avoir l'air beau, jeune, riche ; avoir le look, la ligne, la forme, les moyens... Le partenaire lui-même est choisi presque exclusivement en fonction de ses apparences, ou pire, de sa ressemblance avec des top-modèles – leurs traits, leur silhouette. Le but est de se narcissiser en s'exhibant avec sa conquête, en se parant d'elle. Quand la partenaire conquise perd de son éclat, on la répudie ou on lui adjoint une liaison plus « top » encore.

Avoir et avoir l'air ne sont pas des attitudes authentiques. On peut s'en contenter un certain temps, mais un jour, on prend conscience que le succès social et la possession de biens n'apportent pas un bonheur profond et durable, que la recherche de la réussite traduit une insuffisance de la personnalité et que la volonté de puissance n'est qu'une compensation au vide intérieur. Le bonheur authentique, c'est dans « l'être » et non dans « l'avoir » qu'on le trouve. Etre, c'est être bien dans son corps, en étroit contact avec la vie qui le parcourt et attentif à toutes les heureuses sensations qu'il procure et en jouir. Etre, c'est accueillir toutes les composantes de son psychisme (la sensibilité, l'affectivité, l'intuition, l'instinctuel, l'intellectuel) sans en hypertrophier aucune. Etre, c'est développer le talent que chacun a, jusqu'à s'approcher de la perfection. Etre, c'est mettre en adéquation ce que l'on est, ce que l'on veut et ce que l'on fait, c'est donner un sens à son existence. Être, enfin, c'est être aimant plus qu'avoir un amant.

II. LES INSATISFACTIONS

L'« infidèle » considère que son(sa) conjoint(e) ne satisfait pas ses besoins légitimes ; après avoir patienté en vain un certain temps, il finit par s'adresser à une personne extérieure au couple. Deux cas de figure se rencontrent : ou les besoins de l'« infidèle » sont « normaux » et c'est la réponse du(de la) conjoint(e), qui est *réellement* insuffisante ; ou les besoins de l'« infidèle » sont très importants et la réponse du(de la) partenaire *relativement* insuffisante. De toute façon, il y a décalage entre les attentes de l'un et ce que donne l'autre.

On peut se demander comment il se fait que le décalage n'a pas été perçu plus tôt, dès les débuts de la rencontre ? Ou bien le décalage existait, mais les processus de survalorisation et de projection de l'état amoureux l'avaient masqué. Ou bien il s'est installé progressivement, chaque partenaire évoluant de façon divergente tant sur le plan psychique que sur le plan sexuel ; l'usure des sentiments et du désir, par exemple, a pu affecter un partenaire plus que l'autre.

INSATISFACTION DES BESOINS AFFECTIFS

D'excessifs besoins

Soit le cas d'un homme dont les besoins sont immenses, voire insatiables. Il faut l'aimer avec ferveur et sans faille. Il faut aussi le réassurer en permanence. Sa partenaire s'y emploie avec zèle pendant les années de grâce. Puis elle se lasse, non pas de donner beaucoup, mais de donner sans résultats durables. Quand survient la crise, et en particulier la fin de la fusion, l'homme se sent « abandonné » ; il tente bien de faire revenir sa partenaire à une forme de maternage, mais celle-ci, tout en continuant de l'aimer, veut vivre de façon plus autonome. Alors, l'homme se met à chercher un supplément de tendresse et de narcissisation à l'extérieur du couple.

Hervé, qui par ailleurs réussit une brillante carrière professionnelle, adore sa femme, Marie ; de son côté, celle-ci l'aime beaucoup ; tant qu'ils n'avaient pas d'enfants, elle s'est consacrée entièrement à lui. La crise survient avec la naissance de leurs enfants, des jumeaux. Marie est de moins en moins disponible, bien que toujours aimante. Sevré de son gavage affectif, Hervé a recours à une maîtresse ; ça ne lui suffit pas, il en prend une seconde tout en gardant la première. Sa femme, mise au courant, s'en arrange tant bien que mal. Bien qu'entouré et rassuré de tous côtés, Hervé vit vaille que vaille, car la situation est compliquée et il ne peut s'empêcher de se sentir coupable envers ces trois femmes. Mais il avoue qu'il ne peut s'en passer. Je perçois en lui, en dépit de toute l'affection qu'il reçoit, un fond d'insécurité et de nostalgie. Il est difficile de guérir de son enfance : il avait trois ans quand sa mère l'a abandonné pour un amant ; il ne l'a plus revue. Le « grand manque » chez lui a les dimensions d'un gouffre. C'est aussi à cause de ce vide et de son absence de confiance en lui qu'il s'est acharné à réussir sa carrière. Une façon de se prouver qu'il existe.

Le cas d'Hervé montre que ni les succès sentimentaux, ni la réussite professionnelle n'apportent la plénitude. Ce qui importe n'est pas de réussir, mais de s'accomplir, et pour cela, il faut se connaître et s'aimer. Ce qui importe aussi, ce n'est pas de se faire aimer, mais d'aimer vraiment et pour cela, il faut sortir de l'infantilisme affectif.

Une trop chiche affection

Soit le cas d'une femme, Denise. Ses besoins sont « normaux » mais Paul, son conjoint, n'est vraiment pas généreux. Dès les débuts, il est peu enclin aux manifestations d'amour, aux mots doux, aux gestes tendres. Mais plus ça va, plus il est bourru et sec. Est-ce son tempérament ? Certains êtres sont peu sentimentaux et peu expansifs par nature. Est-ce la conséquence d'une éducation sévère et répressive ? Certains parents, forgés par une stricte tradition religieuse voire puritaine, dont on sait qu'elle se méfie des sentiments autant que des tentations, élèvent leurs enfants durement et ainsi les endurcissent. Ou est-ce enfin l'usure du temps qui a élimé sa tendresse ? En tous cas, les voilà elle et lui qui vivent dans l'indifférence, quasiment comme des étrangers. Denise ravale ses besoins de tendresse, jusqu'au jour où un passant qui avait de l'amour à donner lui ouvre les bras.

INSATISFACTION DES BESOINS SEXUELS

Une forte libido

Certains êtres ont des besoins sexuels importants, voire considérables. Ce sont simplement des gourmands, qui n'ont rien à voir avec les cas pathologiques que constituent le satyriasis et la nymphomanie. Leur conjoint, même si il(elle) est friand(e) de plaisir, ne peut pas toujours suivre. Aussi ces êtres ont-ils recours à d'autres partenaires.

Une sexualité réduite

Inversement, il y a des personnes dont les possibilités sexuelles sont entravées et qui ont, de ce fait, des difficultés à satisfaire un partenaire dont les demandes sont pourtant « raisonnables ». Ce peut être une question de tempérament : par nature, certains êtres ne sont pas très portés sur le sexe. Ce peut être aussi les conséquences d'une maladie ; nombreuses sont les affections qui peuvent perturber la vie sexuelle :

— les troubles sexuels : impuissance, éjaculation précoce, anorgasmie, anaphrodisie (absence de désir) ;

— les affections locales, soit gynécologiques, soit urologiques ;

— les maladies générales, neurologiques (paralysie, etc.), cardiologiques (insuffisance cardiaque, etc.) ou toxiques (alcoolémie, tabagisme, drogues) ;

— les maladies psychiques : dépression, névroses, etc.

— les complications idiopathiques : certains médicaments (certains tranquillisants, antidépresseurs, anticholestérol, antihypertenseurs, etc.) peuvent diminuer le désir ou contrarier l'érection ;

— enfin, il est une dernière cause de réduction de l'activité sexuelle, c'est l'usure du désir. Avec le temps et la cohabitation quotidienne, l'ardeur sexuelle peut s'estomper.

Dans tous les cas, le partenaire dont la sexualité est normale sera frustré. Cette frustration peut lui causer des troubles nerveux (anxiété, état dépressif, etc.) et des troubles psychosomatiques (ulcère d'estomac, colite, poussées de tension artérielle, etc.). Parmi ces partenaires frustrés, les uns vont renoncer à toute vie sexuelle et entrer dans une voie de sacrifice, mal vécue et payée de moult troubles psychiques et somatiques. Les autres iront apaiser leur tension sexuelle inassouvie dans des relations extraconjugales.

Sans doute faudrait-il aborder ces situations autrement. Tout d'abord, il faut tout faire pour guérir ou amender la maladie causale. Les troubles sexuels feront l'objet d'une consultation spécialisée ; les troubles psychiques seront confiés à des psychothérapeutes qui privilégient le travail personnel sur les médicaments ; les maladies générales feront l'objet des meilleurs soins. Finalement, les « impotences sexuelles » liées à la maladie devraient être rares. Quant à l'usure du désir, les moyens de la prévenir ou d'y remédier sont nombreux. Je renvoie le lecteur à l'étude que j'en ai faite.

Il est bon aussi de savoir que même avec des moyens réduits — fonction sexuelle perturbée ou état général déficient — il est quasiment toujours possible de soulager la tension sexuelle du partenaire : les multiples caresses que les mains et la bouche sont susceptibles d'offrir au corps et au sexe de l'autre peuvent le conduire à un état de volupté des plus appréciables, voire suprême.

Au cas où toute activité sexuelle s'avérerait insatisfaisante ou impossible et que l'on veut toutefois demeurer fidèle à son conjoint, il ne serait pas juste de s'abandonner à une amère résignation et d'adopter une position de victime sacrifiée ; ce ne serait pas bon non plus car on s'offrirait alors aux énergies négatives. Il faut ici se positionner à un niveau de conscience où l'on est responsable de ce qu'on décide et fait, où l'on est créateur de sa vie, où on lui donne un sens : si l'on veut être dans le don d'amour, qu'on y soit avec bonheur. Alors la tendresse des mains et des cœurs, la communion des âmes ne paraîtront plus un lot de consolation, mais bien le meilleur de la relation entre deux êtres.

INSATISFACTION DES BESOINS DE COMMUNICATION

Fondamentalement, l'humain est un être de communication. Il a besoin de se dire (exprimer ses émotions, formuler ses souhaits, donner son avis) et d'être écouté, entendu, compris. Il a besoin aussi de connaître les sentiments, les désirs et les opinions de l'autre. Vont donc le frustrer, d'une part ceux qui ne parlent pas, les taciturnes et autres intravertis (par tempérament ou par éducation répressive) et d'autre part, ceux qui n'écoutent pas, parce qu'ils parlent trop, s'écoutent trop ou ne sont pas assez ouverts.

Quand un partenaire en a assez de ne pouvoir se dire, assez de n'être pas entendu, assez du mutisme ou de l'indifférence de l'autre, il sera tenté de se relier à un tiers plus apte à communiquer. Edith résume ainsi les raisons de sa liaison avec David, son amant : « Lui au moins, il m'écoute ; lui, il me comprend ! »

Sachez toutefois qu'il ne suffit pas de parler pour ouvrir un dialogue, ni d'écouter pour entendre. Pour communiquer réellement et de façon féconde, il est nécessaire de connaître quelques règles du jeu. Nous y reviendrons.

INSATISFACTION DES BESOINS ÉNERGÉTIQUES

Toute relation entre les êtres constitue un échange d'énergie. Pour qu'un couple perdure, uni et vivant, il faut que les partenaires se transfèrent, de façon équilibrée, de bonnes quantités d'énergie. Si l'un a l'impression de ne pas recevoir assez et de rester sur sa faim, il risque de s'adresser à une personne extérieure.

Offre réduite

Il existe des êtres dont les réserves d'énergie sont vraiment faibles. Ils se révéleront incapables d'apporter la moindre force à leur partenaire. Celui-ci pourra en certaines circonstances se sentir en manque et être amené à faire appel à des sources hors du couple.

Besoins importants

Certaines personnes ont des besoins énergétiques particulièrement importants. À l'origine, trois causes possibles : des réserves faibles par constitution ; des dépenses excessives (surmenage nerveux, lutte épuisante contre des névroses, etc.) ; des annulations de leurs forces par des énergies négatives qu'ils laissent entrer. Toujours à court, ils demandent à leur partenaire de les recharger. Mais à ce jeu, celui-ci finit par s'épuiser à son tour ; par amour, il fait face avec héroïsme jusqu'à ses extrêmes limites. Quand le demandeur, véritable parasite énergétique, s'aperçoit qu'il ne peut plus avoir recours à son conjoint, il va puiser à une autre fontaine.

Les personnes en mal d'énergie devront, afin de ménager leur partenaire, apprendre non seulement à mieux gérer leur énergie, quitte à changer de mode de vie, mais aussi à diversifier leurs sources. En dehors de leur partenaire, ils disposent de trois sources d'énergie. D'abord leur propre source, qu'ils doivent apprendre à recharger en « circuit fermé » de façon autonome par la création, la méditation, la prière. Ensuite, les ressources d'êtres particulièrement riches et dont il n'est pas nécessaire de faire des amants, mais avec qui se noue une profonde relation. Enfin, la nature, qui est une réserve puissante et inépuisable d'énergie et un fabuleux moyen de se régénérer.

Le propre de l'être humain, c'est d'avoir aussi besoin d'évoluer, de grandir, de s'accomplir, de s'élever. Grandir, c'est accéder à la maturité et à la sagesse en dépassant son ego et en se débarrassant des névroses constituées dans l'enfance. S'accomplir, c'est développer ses aptitudes, voire ses talents, afin de réaliser pleinement ce pour quoi on est fait. S'élever, c'est se donner une transcendance (laïque ou religieuse) qui confère un but « supérieur » et un sens « sacré » à son existence. On ne sait pas assez que le besoin d'évoluer est constitutif de l'Homme.

L'être en évolution est en transformation incessante tant sur les plans psychique, affectif, artistique que spirituel. Il se remet sans cesse en cause, il est toujours en recherche. Il s'intéresse à maints sujets. Il lit beaucoup, participe à des conférences, fréquente les expositions, explore les sites. Il crée sans relâche et se perfectionne sans se lasser. Il faut en face de lui un(e) partenaire qui ait du répondant. Si, par malheur, c'est une personne accrochée à son passé, à ses habitudes, à ses opinions, quelqu'un de routinier, rigide de nature ou névrotiquement bloqué, il décevra celui qui évolue. D'autant que ces passifs, non seulement ne précèdent pas, mais ne peuvent pas suivre non plus. Souvent même, ils freinent. Les plus faibles utilisent leur arme préférée : l'apitoiement manipulateur. Ceux qui ont un ego mieux trempé, faute d'être évolutifs, se font dominateurs et tentent d'arrêter la marche de leur conjoint. Las d'accumuler les déceptions et les entraves, si le partenaire en évolution rencontre une personne du même élan, il se peut qu'il s'en approche de très près.

Chapitre 6

LES CONSÉQUENCES DE L'INFIDÉLITÉ

La survenue d'une infidélité a toujours des conséquences importantes, parfois même capitales. Pour l'infidèle lui-même, pour son(sa) conjoint(e), pour son amant(e) et pour l'entourage. Un tel événement ébranle les repères et les croyances de chacun et fait s'interroger. Certains se remettent en cause, d'autres s'y refusent. Certains changent radicalement, d'autres ne bougent pas.

Rien ne nous fait plus changer (intérieurement) que la rencontre avec un(e) autre. Chaque nouvelle rencontre, pour peu qu'elle ait quelque importance, est un pas, parfois un saut, dans notre évolution. Avec un nouveau partenaire, on fait connaissance avec une autre partie de soi-même. Pour le meilleur et pour le pire.

Ce changement, du reste, est ce qui est le plus mal compris et le plus mal accepté par le(a) conjoint(e) et l'entourage : « Qu'est-ce qu'il(elle) a changé ! » s'exclament-ils, désorientés.

Rien ne nous interpelle autant que l'infidélité de celui ou celle que nous aimons. Peu de situations nous mettent autant aux prises avec nous-mêmes que d'être confronté au plus difficile de l'amour et au désamour.

Conséquences pour l'infidèle

Effets bénéfiques

Tomber amoureux à nouveau, c'est vivre cette révolution joyeuse qu'est l'état amoureux. Les sens exaltés, l'esprit illuminé, l'élan vital régénéré, on a l'impression de renaître. Sous l'effet de la rencontre, des facettes ternies ou d'autres restées dans l'ombre se mettent à briller. Et la nouvelle(le nouveau) partenaire nous apporte d'autres façons de sentir, de penser, de faire, de faire l'amour, en un mot : de vivre. Ce coup de soleil sur notre vie, c'est le bonheur.

Effets négatifs

Souvent, il y a des contreparties à ce bonheur : la tristesse et les frustrations liées à l'absence de l'amant(e) qu'aggrave la difficulté de le(la) contacter ou de le(la) voir ; l'anxiété liée à une situation souvent inconfortable ou aléatoire ; l'épuisement lié aux stress et aux dépenses d'énergie occasionnées par une double vie. Sans oublier les complications, voire les drames liés à un des protagonistes : le(la) conjoint(e), l'amant(e), le conjoint de l'amante(la conjointe de l'amant). La souffrance des uns et des autres voilent le soleil et la culpabilité flétrit l'exaltation.

Effets bénéfiques

L'exaltation des sentiments amoureux du(de la) conjoint(e)

Quand la personne que l'on aime s'intéresse à un tiers, un regain d'amour pour elle nous saisit ; nous pouvons alors passer de la tiédeur à la passion. C'est une des lois du désir : « Si l'être qu'on désire est à proximité et son accès autorisé, le manque ressenti, facile à combler, sera léger et léger le désir. En revanche, si l'objet du désir est éloigné ou inaccessible, le manque est plus profond et plus profond le désir. Nous ne désirons rien tant que ce que nous ne possédons pas ou risquons de perdre. » (4)

S'il est une situation où le manque nous menace, c'est bien celle où un rival tente de nous voler l'aimé(e) ; c'est pourquoi notre désir redouble ou, s'il était disparu, revient. « On ne désire pas tant l'objet qu'on ne redoute de le voir possédé par autrui. » (5) Le désir est par essence triangulaire, il n'existe qu'en nous situant par rapport à un rival réel ou fantasmé. L'inverse est vrai : que le rival s'éloigne et le désir s'estompe. Que soit repossédé l'objet convoité et sa valeur érotique se dissipe.

Ce phénomène de regain peut être positif s'il rapproche les conjoints. Il sera négatif s'il les pousse à s'affronter plus durement ou les fait souffrir plus.

L'amélioration de l'humeur du conjoint infidèle

La relation extérieure apportant à l'infidèle ce qui lui manquait au plan sexuel, affectif ou intellectuel, le conjoint infidèle est plus heureux, plus équilibré et donc plus agréable avec son conjoint habituel.

Le retour d'Ulysse

Parfois, il se produit chez l'infidèle un retour d'amour pour son(sa) conjoint(e). Il(elle) trouve que tout compte fait, c'est mieux à la maison. L'attitude du(de la) conjoint(e), quand il(elle) est au courant, a été décisif. Dépassant ses douleurs, il(elle) s'est montré(e) tolérant(e). Il(elle) l'a fait par intelligence, voire par tactique ou par générosité, inspiré(e) par un véritable amour. En plus, se ressaisissant, il(elle) s'est efforcé(e) d'évoluer. C'est par gratitude et admiration que l'infidèle a changé de cap. L'ouverture du cœur, en tout cas, est la voie la meilleure pour se relier à l'autre.

Le rapatriement des acquis extérieurs

L'infidèle, en apportant dans son couple conjugal ce qu'il a appris à l'extérieur (ses acquis érotiques, intellectuels, etc.), l'enrichit. Il arrive même que des « révélations » érotiques découvertes dans d'autres draps puis importées dans le couple contribuent à l'épanouir.

Effets négatifs : la souffrance et son cortège

La souffrance est intense, extrême, non maîtrisable. C'est une des plus atroces que puisse éprouver un être humain. Quelque chose se déchire soudain au fond de soi, quelque chose qui est le plus profond de soi et de cette déchirure fuse un hurlement dont les échos se répercutent des mois, des années.

Comment se peut-il que toi qui m'aimais tant, qui me préférais, qui me faisais des serments, qui te donnais à moi infiniment, toi dont j'aimais le cœur de l'âme, toi à qui j'avais remis mon âme, comment peux-tu m'avoir abandonné(e) ? J'aurais préféré ne pas t'avoir connu(e). J'aurais préféré mourir. J'aurais même préféré ne pas naître. Etre trompé(e), c'est mourir un peu. Même ceux qui aiment la liberté de l'autre et acceptent la possibilité d'infidélités – les progressistes par générosité intellectuelle, les idéalistes par amour véritable – souffrent. Certains même regrettent le temps de la confiance absolue et de la transparence. Mais leur niveau de conscience leur permet de dépasser leurs émotions.

Cette souffrance s'accompagne de troubles de l'humeur : tristesse, anxiété, angoisses, voire dépression véritable. Elle s'accompagne aussi de troubles psychosomatiques : nausées, vertiges, migraines, gastrites, colites, voire maladies de cœur ou même cancers. Parfois, la souffrance tourne au désespoir, qui pousse à la violence : bris, coups, suicide, crime s'ensuivent.

Si la souffrance est aussi intense, les réactions aussi dramatiques, bref, si l'événement prend les proportions d'un séisme, c'est qu'il touche à deux points extrêmement sensibles de l'âme : d'une part les blessures de l'enfance, d'autre part le « grand rêve ».

Le réveil des blessures anciennes

Dans le chagrin d'amour, on relie inconsciemment les douleurs présentes à des douleurs anciennes enregistrées dans notre mémoire, les secondes majorant les premières. C'est que la situation actuelle rappelle une situation vécue dans l'enfance ou au cours d'une autre histoire d'amour : les douleurs d'alors remontent et se mêlent aux douleurs présentes.

Si l'on regarde cette souffrance de plus près, on s'aperçoit que ses composants appartiennent au vécu de l'enfant que nous fûmes :

• le sentiment d'abandon : on interprète le fait que notre partenaire fréquente un autre être comme une menace d'abandon. L'angoisse, la panique même, qui s'ensuivent sont, bien entendu, à relier à des événements de l'enfance. Bien qu'aimante, il fallait bien que maman nous quitte par moments ; mal aimante, elle nous quittait trop mal et trop longtemps. Notre enfant intérieur a gardé les traces de ces douleurs. Cet atroce sentiment d'abandon est bien la grande affaire de tous les vivants. C'est lui qu'il faut travailler en priorité. C'est lui qui nous fait croire que si notre partenaire s'éloigne quelque peu, il va nous quitter ; c'est lui qui fait angoisser, paniquer.

• le sentiment de dépossession : on a l'impression que notre rival(e) nous prend l'objet de notre affection et nous exclut de l'amour. Nous avions connu cette situation, ô combien, au temps de notre amour œdipien ; le triangle infernal, la jalousie nous connaissons. Nous y reviendrons.

• le sentiment de dévalorisation : « Puisque mon(ma) partenaire s'adresse à une autre personne pour satisfaire ses besoins affectifs, sexuels ou intellectuels, c'est que je suis un être inférieur à cet autre, et même inférieur en général ! » Ainsi l'infidélité du conjoint est vécue comme un acte qui met en cause notre valeur. Ainsi la douleur a aussi pour origine une blessure narcissique. Voilà pourquoi les délectations moroses tournent autour de : « Qu'a-t-il(elle) de plus que moi ? Quelle comparaison fait-il(elle) avec moi ? » Tomberont plus facilement dans ce piège ceux qui ne s'aiment pas assez et doutent d'eux-mêmes ; c'est leur propre mésestime qui les rend si vulnérables. Cette attitude provient du manque (relatif ou réel) d'amour et d'estime des parents pour l'enfant que nous fûmes. Moins les parents nous ont apprécié, moins on a confiance en nous.

Sous ces divers sentiments, un dénominateur commun : la peur, sous toutes ses formes. Peur de n'être plus aimé, peur de n'être plus aimable ou désirable, peur d'être rejeté, peur d'être seul. C'est la peur qui teinte d'angoisse la souffrance, la rend insupportable. Et c'est la peur qui pousse à la violence. La violence n'est qu'une peur déguisée : *si elle(il) me quitte*, c'est que je ne vaux rien, si elle(il) part, je ne serai plus rien, donc je n'existerai plus. De toute façon, l'amour n'existe pas. Et rien n'existe que le vide. Alors autant détruire cette relation, la(le) détruire elle(lui), me détruire moi. Autant en finir avec la douleur, avec cette vie... De la peur à la désespérance, il n'y a qu'un geste.

Pour ajouter à la souffrance et à la dramatisation, l'infidélité survient souvent au cours de la phase critique, quand s'anéantissent les processus psychiques qui constituaient l'état amoureux. Les douleurs de la crise s'emboîtent dans les douleurs de l'événement :

— la fin de la fusion est également vécue comme un rejet, un abandon ;

— la fin de l'idéalisation entraîne une double désillusion : notre partenaire n'est pas celle(celui) que nous avons cru et nous-mêmes ne sommes pas au niveau où nous nous étions promus en l'idéalisant. Notre partenaire nous échappe, redevient un(e) inconnu(e) et notre autopromotion fait long feu.

La fin de l'identification implique une différenciation que nous prenons pour une distanciation d'où le réveil, ici aussi, de la peur de l'abandon. De plus, la dissipation de l'illusion de la ressemblance nous soustrait des points de repère.

Au total, frustration, déception, désillusion et peurs s'additionnent.

Dans cette situation extrêmement douloureuse et grave, où se joue le devenir de plusieurs êtres, il est **capital** de savoir :

- que nous sommes en pleine confusion parce que nous superposons des situations qui n'ont rien à voir ensemble, celle de l'enfance et celle de maintenant ;
- que cette confusion et les souffrances qu'elle entraîne déforment notre appréciation de la situation actuelle, autrement dit nous font interpréter les faits présents de façon erronée.

La fracture du « grand rêve »

L'infidélité, quand on croyait s'aimer tant, est vécue comme une trahison de l'idéal partagé, le sacrilège du « grand amour ». Plus, c'est une mise en cause de cet idéal : et si le grand amour né du « grand rêve » n'était qu'une illusion, parce que le « grand rêve » lui-même n'était qu'une rêverie ? À force de marcher dans le désert du « grand manque », on avait cru voir se profiler une caravane, un oasis... C'était un mirage. Alors, la réalité serait bien la séparation, irrémédiable, la solitude, radicale, la nudité, imparable, sauf à la parer temporairement de la nudité de la mère, de la nudité de l'aimée ? Le « grand manque » s'ouvre à nouveau sous nos pas et notre vie s'effondre en cette vallée de mort. La souffrance ici n'a plus rien de narcissique, elle est d'ordre métaphysique.

Doublant la perte du rêve, s'installe la perte de soi. La douleur qui s'y attache est également d'ordre existentiel. La personne que l'on aime est, de tous les êtres vivants, celle qui a le plus d'importance. Et qu'importe ici que ce soit un phénomène de survalorisation ; on l'a élue ainsi et de ce fait elle relève de l'absolu, du divin. Elle-même, en nous élisant à son tour, s'est confirmée dans cette position extraordinaire : nous aimer la rend infiniment bénie, donc divine ; et inversement, en nous aimant, elle nous promeut également à la divinité : le choix de la divine nous rend divin. Enfin quelqu'un a perçu ce que nous avions d'aimable, de beau, d'essentiel au-delà de nos imperfections ! Enfin quelqu'un a perçu qu'il y a au fond de nous une valeur unique, non interchangeable ! Parce qu'il est exclusif, son amour nous le confirme puissamment. Alors notre valeur est irremplaçable, alors nous pouvons nous aimer vraiment et poser ainsi les fondements de notre être.

En nous « trompant », en trahissant cette exclusivité, en nous retirant toute primauté, l'infidèle nous enlève notre statut d'unique, d'irremplaçable. Alors se délite le noyau de notre conscience, s'anéantit notre élan vers le divin.

L'importance des conséquences dépendra beaucoup de l'attitude du conjoint fidèle : s'il sait communiquer avec son conjoint, lui témoigner encore tendresse et désir, les conséquences négatives peuvent être atténuées. Inversement, s'il ne sait pas dialoguer, s'il est distant, voire rejetant, les conséquences seront lourdes. Cette attitude est fonction de ce qui lui reste de sentiment envers son conjoint. S'il continue de l'aimer, son attitude sera positive. S'il est pris de passion exclusive pour son amant(e), il cessera d'aimer son conjoint jusqu'à même ne plus pouvoir le supporter et le délaissera ; alors son attitude frustrante, voire blessante, provoquera des souffrances plus grandes encore.

Notons, pour terminer, que la lutte contre la souffrance et la peur coûte une énergie considérable et épuise la personne. Apprendre à gérer l'événement ce sera aussi économiser sa santé.

La jalousie est un sentiment normal auquel personne n'échappe, même pas les partisans du couple ouvert, ni les êtres qui ont atteint une certaine hauteur de conscience ; ces derniers savent simplement se positionner autrement et gérer leurs émotions.

La jalousie avant tout est douleur, c'est une forme particulière de la souffrance. La jalousie est passion, c'est le verso de la passion amoureuse. La jalousie est destruction :

• destruction de nous-mêmes : elle ronge notre mental qu'elle obsède, elle mine notre corps qu'elle rend malade, elle effrite notre sommeil, elle nous précipite dans la boulimie, l'alcool, le tabac, la drogue. Enfin, destruction suprême, elle peut acculer au suicide.

• destruction de l'autre, l'infidèle, le(la) rival(e) : elle nous pousse dans des conduites agressives. Cela commence par des actes mesquins (crever les pneus du véhicule de l'un ou de l'autre), cela s'aggrave avec des gestes dramatiques (défigurer le visage par lame ou vitriol). Cela culmine avec le crime passionnel.

Parfois la souffrance se double de fascination pour le(la) rival(e). C'est plutôt une attitude féminine, qui rappelle celle de l'enfant à qui son œdipe inspirait une curiosité pour ce qui se passait dans la chambre des parents. D'autres fois, la souffrance se teinte d'un plaisir masochiste. Etre exclu, être humilié, réactualise une situation analogue de l'enfance au cours de laquelle s'était imprimé un programme d'autodestruction : « Je n'ai droit à rien ; je ne peux qu'être victime. »

Jalousie normale et jalousie maladive

À dose « normale », la jalousie peut être un sentiment positif qui nous stimule. À dose excessive, elle devient désir de possession et de contrôle ; attitude à la fois infantile et terrifiante. Infantile, car elle parle le langage de la toute-puissance de l'enfant autour de qui tout doit tourner. Terrifiante, parce qu'à l'âge adulte, la force est décuplée. La jalousie maladive est le fait de tempéraments anxieux, voire de névroses d'abandon. La jalousie pathologique relève, elle, de psychoses caractérisées (paranoïa, hystérie, etc.) ; elle recèle un maximum de risques de suicide et de meurtre.

Freud a décrit une « jalousie délirante » qui atteindrait de préférence la femme : elle a pour objet non le conjoint infidèle, mais sa maîtresse. « La maîtresse de mon mari, pense-t-elle, aime mon mari plus qu'elle ne m'aime. » Bien entendu, c'est une homosexualité latente qui la fait délirer ainsi.

Origine de la jalousie

C'est bien dans l'enfance que la jalousie a ses racines ; elle naît des besoins et des désirs insatisfaits, frustrations d'autant plus cuisantes que les faveurs ont été offertes à d'autres. La première jalousie surgit quand le petit voit sa mère s'éloigner de lui pour retrouver son père et, pire, le rejoindre dans la chambre parentale ; il ressent cela comme un abandon, une trahison même et c'est avec douleur qu'il prend pleinement conscience qu'un autre que lui existe. La douleur est intense, la blessure profonde. La seconde jalousie survient au sevrage, quand maman lui retire son sein. Ici, la blessure s'aggrave encore. La troisième s'installe quand arrive la petite sœur ou le petit frère ; désormais, c'est avec deux

« autres » qu'il lui faudra partager ; la blessure s'étend. Au total, ces séries de blessures multipliées à l'infini laisseront une plaie profonde. Cette plaie coïncide avec le « grand manque » dont elle est la béance dix mille fois réouverte. Toute notre vie, on va chercher l'être susceptible à la fois de panser la plaie et de combler le vide. Un jour on le trouve, et le bonheur s'ensuit, jusqu'au jour où...

Oui, un autre jour, un étranger surgit et menace de nous prendre celui(celle) par qui la plaie est pansée, le vide comblé. Alors la blessure s'ouvre à nouveau.

Jaloux — pas jaloux

Bien qu'ils aient pratiqué la polygamie et l'adultère pendant des millénaires, les hommes, en général, sont plus jaloux que les femmes ; ils supportent très mal l'infidélité. Ils sont narcissiquement détruits et ils paniquent. C'est qu'ils revivent alors leur histoire personnelle et la grande histoire des mâles. Leur histoire personnelle, c'est la douloureuse rivalité qui les opposait au père : ils assimilent l'amant qui prend leur conjointe au père tout-puissant qui s'octroyait la mère ; la même rage impuissante, la même envie de meurtre grondent au fond d'eux. Cette jalousie-là est celle du petit garçon. La grande histoire des mâles, c'est la résurgence de la sempiternelle mâle-peur : la peur d'être incapable de satisfaire la femme, d'être impuissant à la contrôler, de s'assujettir à une passion pour elle, de subir ses pouvoirs, de perdre le pouvoir, d'être dominé et mené par elle.

Pourtant, il y a des hommes non jaloux ; qui sont-ils ? Il y a le haut du panier, ceux qui aiment véritablement et dont le niveau de conscience a dépassé la possessivité. Il y a ceux qui n'aiment plus et sont donc indifférents. Il y a aussi ceux qui fantasment de se joindre au duo d'amoureux ; peut-être même ont-ils poussé leur femme dans les bras de l'autre. Ici, sous l'indulgence, voire la complicité, on peut subodorer une homosexualité latente.

Pour Freud, il y a une autre catégorie de non-jaloux : c'est celle des faux « pas jaloux » ; ils prétendent qu'ils ne sont pas jaloux, mais en réalité, ils le sont, mais ont refoulé leur sentiment. Toutefois, celui-ci, dans l'inconscient, reste très efficace : dès qu'ils sentent une virtualité d'infidélité, ils rompent sans délai et sans appel.

Robert, par exemple, clame qu'il n'est pas jaloux ; mais dès qu'une femme essaie de provoquer en lui un soupçon de jalousie, aussitôt elle ne l'intéresse plus, il cesse soudain de l'aimer, il la déteste même. Il a transformé sa jalousie en haine froide. Pas question de souffrir.

Jalousie et amour

La jalousie peut être un multiplicateur d'amour. La présence d'un(e) rival(e) réveille les sentiments et relance le désir ; c'est, nous le savons, une des lois de la psychologie amoureuse. Alors, on fait tout pour écarter le concurrent. Ce comportement est plus spécialement masculin. Du reste, il existe des hommes qui ne peuvent aimer que s'il y a menace de rivalité ; et pourtant, paradoxalement, ils n'ont de cesse d'éliminer le rival.

Comment atténuer la douleur de la jalousie ?

Le moyen suprême serait d'accéder à l'amour véritable et de dépasser sa possessivité. En attendant qu'un travail d'évolution vous en rende apte, quelques conseils peuvent vous éviter de vous laisser détruire par ce cancer de l'amour.

• Ne mettez jamais de sel sur votre plaie. En d'autres termes, ne vous torturez pas vous-même : interdisez-vous absolument de chercher des indices en fouillant les poches, les portefeuilles, les sacs, les sacoches, les tiroirs, les armoires, etc. Ce n'est pas faire l'autruche, c'est se respecter, c'est se protéger d'inutiles souffrances (ce qu'on ignore ne fait pas souffrir), c'est s'empêcher de tomber dans des réactions catastrophiques qui envenimeraient la situation. Beaucoup d'infidélités qui n'étaient que des aventures sans lendemain ont tourné au drame après la lecture de lettres subtilisées.

• Voyez votre rival(e) : la réalité casse les fantasmes, ramène l'imagination à de justes proportions, stoppe l'obsession. Le(la) rival(e) est alors démythifié(e) : c'est moins pire que ce que vous aviez cru.

• Arrêtez de vous poser des questions qui entretiennent la douleur : « Comment l'appelle-t-il(elle) ? » ; « Quels mots lui dit-il(elle) ? » ; « Quel aspect de lui(d'elle) que je ne connais pas lui révèle-t-il(elle) ? », etc.

Ne pas céder à la jalousie, c'est le commencement de la sagesse, en tous cas la fin du malheur.

Chapitre 7

GÉRER L'ÉPREUVE

EN URGENCE : COMMENT RÉAGIR JUSTEMENT

Nous voilà au centre du problème. Ici tout va se jouer : les souffrances de chacun, l'avenir des êtres, l'avenir du couple.

Selon nos réactions, nous entrerons dans le drame, la destruction ou au contraire nous ouvrirons un futur où tout est possible, y compris la sauvegarde de l'amour ou, mieux, son agrandissement.

C'EST VOUS QUI ETES « TROMPÉ(E) »

Donnez un sens à cette crise

Elle indique qu'il y a quelque chose à changer, à faire progresser dans votre couple certes, mais aussi, et surtout, en vous. C'est pour vous une chance prodigieuse d'évoluer, de vous agrandir, de vous élever. « Je ne suis pas la victime de l'autre, de la malchance. Je ne subis pas les événements, je peux et je veux être le créateur de ma vie. » C'est en vous positionnant à ce niveau de conscience que vous pourrez gérer la crise : atténuer vos douleurs et celles des autres, établir un dialogue constructif, préparer l'avenir.

Si vous sortez juste de l'état amoureux, de cette merveilleuse lune de miel et que l'événement vous prend de plein fouet, dites-vous que cette phase n'était qu'une étape, que toute histoire amoureuse est un processus dynamique et que ce qui arrive était peut-être nécessaire pour réajuster la relation, l'approfondir, la faire mûrir. Et vous donner l'occasion de vous restructurer.

Si vous étiez un couple qui tournait en rond ou s'assoupissait dans un morne ronron, dites-vous que l'événement était sans doute indispensable pour le remettre dans une spirale vivante, qui l'amènera à un niveau plus élevé de relation, de compréhension, de partage, d'authenticité.

Ce sont les crises qui font progresser les couples et évoluer les êtres. D'une façon plus générale, c'est d'avoir à dépasser des obstacles qui nous permet de nous affirmer et donne une signification à notre vie. En nous dépassant, nous touchons à la grandeur de la destinée humaine. Alors ne baissez pas les bras. De toute façon, esquiver ne ferait que remettre votre sort aux mains des autres et au destin.

In fine, vous pourrez dire « merci » à l'infidèle et « merci » au destin.

Occupez-vous de vos douleurs

Je l'ai dit : c'est une des plus atroces... Déjà, le fait de donner un sens à l'épreuve vous « décloue » de la position passive de martyr injustement frappé et impuissant et donc transforme la modalité de votre souffrance. Mais il vous faut l'aborder directement maintenant.

D'abord acceptez votre douleur, acceptez de ressentir cette émotion pénible qui remplit votre conscience de tristesse, d'angoisse, de peur, qui noue votre gorge, serre votre cœur, oppresse votre poitrine, tord votre estomac, vide votre corps de sa substance. Regardez-la en face, analysez-la. Là vous êtes dans le pays de votre ombre, ne la fuyez pas, osez le traverser. Vous y rencontrerez cette part de vous qui fut trahie, exclue, abandonnée : l'humiliation, la honte et la haine de vous, la peur, la colère, la révolte, la vengeance, la haine. Car la douleur prend tour à tour le visage de ces monstres. Ne vous sauvez pas, car ils vous rattraperont et infligeront à votre corps force troubles psychosomatiques et à votre esprit bien des désordres.

Ayant accepté votre douleur, exorcisez-la en exprimant les émotions qu'elle suscite en vous, toutes les émotions sans les censurer (vos déceptions, vos peurs, votre haine, votre désespoir, etc.) : pleurez, criez, hurlez, tapez sur les coussins, les murs, le sol, le tronc des arbres. Faites-le chez vous ou au-dehors, dans les champs, dans les bois. Faites-le seul(e). Par effet de catharsis et par défoulement symbolique, votre douleur s'atténuera.

Maintenant, vous pouvez agir sur les racines de votre souffrance et l'atténuer en la relativisant. Si elle est si intense, disproportionnée en quelque sorte, c'est en raison de votre blessure d'enfance. Inconsciemment, vous reliez l'événement actuel à des événements de l'enfance et vous les assimilez. Le présent rouvre une blessure du passé et la douleur passée double la douleur présente. Mais ce n'est pas juste, les événements ne sont pas semblables et aujourd'hui vous n'êtes plus condamné à subir, vous êtes libre de réagir. Alors essayez de ramener votre douleur à de plus justes proportions. Et occupez-vous de l'enfant blessé qui pleure au fond de vous. Accueillez-le, parlez-lui, consolez-le, rassurez-le, donnez-lui de l'amour, soyez son père ou sa mère.

Occupez-vous aussi du désordre de votre esprit – l'obsession qui y tourne en rond, les délectations moroses qui le dissolvent. Stoppez-les en pratiquant deux sortes d'exercices :

• Un exercice respiratoire dit « respiration en 4 temps », simple mais efficace : inspirez profondément par le nez, retenez votre souffle 8 secondes, expirez par la bouche, retenez votre respiration 8 secondes. Faites cela 10 à 20 fois. Concentrez votre conscience exclusivement sur votre respiration, sentez bien l'air aller et venir, entrer par les narines, remplir vos poumons, puis les quitter et sortir par la bouche ; sentez bien votre thorax et votre ventre s'ouvrir et se contracter. N'ayez que ça en tête.

• Des exercices d'« actes conscients » inspirés de la méthode Vitoz (voir Annexe page 234).

Occupez-vous enfin de votre énergie, car la lutte contre la douleur et l'angoisse est épuisante. Pour la restaurer, reliez-vous à des sources d'énergies positives :

– à l'extérieur de vous : les forces vives de la nature que vous offrent les jardins, les forêts, les grèves, sans oublier les animaux. Les forces subtiles de la beauté que vous réservent les œuvres d'art, la musique en particulier ; les forces spirituelles dont sont chargés les sites, les sanctuaires.

– à l'intérieur de vous : en votre centre est un noyau d'énergie inaltérable que rien ne peut détruire. Quels que soient votre désespoir, votre déliquescence, lui ne bouge pas. Quand vous vous croyez perdu, fichu, prêt à mourir de chagrin, il est toujours là. C'est un diamant d'énergie, c'est le condensé de vie déposé en vous dès l'origine, c'est le point central de votre part divine. Pour le contacter, entrez en vous en esprit, intériorisez votre pensée ; chacun peut le faire sans l'avoir appris ; c'est comme méditer ou prier.

Faut-il vous épancher auprès de votre conjoint ? Vous êtes libre de lui exprimer votre ressenti mais vous risquez, sous l'emprise des émotions, de prononcer des paroles ineffaçables ou de commettre des gestes irréparables, prenez-y garde. Ce serait d'autant plus regrettable que paroles et gestes ne lui seraient pas destinés, puisqu'en réalité vous réglez son compte à votre passé et que celui qui parle en vous c'est l'enfant blessé qui s'adresse à ses parents. Vous courez aussi le risque que, irrité ou culpabilisé, votre partenaire n'écoute pas et brise là l'entretien.

En tout cas, ne remettez pas sans cesse « sur le tapis » ce qu'il considère comme des plaintes et des complaintes, vous y perdriez plus que vous n'y gagneriez. Au mieux, vos pleurs pourraient l'apitoyer, mais la pitié n'est pas de l'amour. Au pire, vos larmes le culpabiliseront plus encore et le feront fuir ; à moins qu'elles ne réveillent la tendance masochiste qui sommeille en chacun et l'incite à vous faire encore plus souffrir ; il n'est jamais bon de jouer au bourreau et à la victime. Et il faut le savoir : les êtres préfèrent admirer que plaindre. Non, il y a mieux à faire que de pleurer : parler. Nous y reviendrons.

Quant à vous épancher auprès d'autres personnes, méfiez-vous ! À peine deux ou trois sur cent sont capables de réagir valablement à vos douleurs. Choisissez des êtres qui ont fait un travail sur eux. De toute façon, ne mettez pas la famille dans le coup : trop concernée, trop partisane ! De l'huile sur le feu !

Apprenez à communiquer

Ne croyez pas que les bonnes intentions suffisent. Quelques règles élémentaires de communication vous éviterons bien des malentendus et des brouilles. Et ouvriront tout grand le canal entre vous et l'autre.

Sachez écouter

Le plus important dans le dialogue est de savoir écouter et entendre. Trop souvent, quand nous paraissons écouter, nous sommes en réalité en train de préparer notre réponse (on devrait dire réplique). Pire, nous ne laissons pas notre interlocuteur finir ses phrases. Ayant mal enregistré ce qui a été dit, notre réponse sera inappropriée. C'est un dialogue de sourds. Écoutons donc *vraiment* et entendons. Entendons ce qui est dit et seulement ce qui est dit, sans interpréter, sans déformer et sans faire de projections. Entendons tout ce qui est dit. Ne tamisons pas, n'en retenons pas seulement une phrase ou un mot.

Le plus souvent, nous déformons ou nous tamisons dans un sens qui nous est défavorable, ne percevant que ce qui est susceptible de nous faire mal. Car, nous le savons bien, il n'est pas possible qu'on dise du bien de nous, ni qu'on nous donne des mots d'amour ; nous sommes indigne d'être estimé ou aimé. Du reste, nous ne nous aimons pas nous-mêmes. Il faut dire que notre critique intérieur fait tout pour cela ; le critique intérieur c'est ce monstre abject et quasi increvable que les parents et les éducateurs ont enfoncé dans notre subconscient et qui nous répète depuis notre prime enfance : « Tu es bête, tu es moche, tu vas rater, tu n'as pas de chance, tu as tort, c'est ta faute, tu mens, ça ne m'étonne pas de toi. » En un mot : « On ne peut t'aimer. »

Apprenez à réagir positivement : lorsque vous croyez entendre des paroles qui vous sont défavorables, demandez-vous avec calme (ou demandez à votre interlocuteur, sur le coup ou ultérieurement) si le mot (ou la phrase) a bien été dit(e) comme vous l'avez entendu(e). Vous verrez le plus souvent que ce n'était pas le cas. Si c'était le cas, replacez-le dans le contexte de la confrontation ou de la journée : peut-être votre partenaire était-il fatigué, irrité ? C'est bien son droit. Soyez généreux, tolérant. Mais pour être tolérant, il faut d'abord se tolérer, autrement dit s'aimer.

Apprenez aussi à recevoir et à accueillir des mots et des phrases désagréables. Etes-vous aussi innocent et parfait que vous voulez le paraître ? Accepter sa part d'ombre est une façon d'accéder à un lucide amour de soi.

Au total, montrez votre désir sincère de comprendre l'autre ; et de fait, notez bien quels sont ses besoins, ses attentes, ses propositions.

Évitez le « tu »

« Tu » est une imposture : dire « tu », c'est parler sur l'autre, à la place de l'autre, non à l'autre (« Tu es ceci..., tu devrais faire cela... »). Sait-on réellement qui est l'autre ? ce qu'il désire ? ce qu'il doit faire ?

« Tu » est trop souvent de l'ordre du jugement et, en cas de confrontation, il se fait même reproche ou accusation. Il dévalorise, il peut détruire. Il entraîne une riposte et transforme la conversation en une stérile partie de ping-pong.

« Tu » est, plus souvent encore, le moyen de faire des projections, c'est-à-dire de jeter sur l'autre la partie de nous que nous réprouvons pour nous en débarrasser. C'est prendre l'autre pour un exutoire, c'est pourquoi il faudrait appeler ces projections des « déjections ». Peut-être le « défaut » reproché existe réellement chez le partenaire, mais si vous l'avez si bien repéré, c'est qu'il existe en vous et que vous ne l'aimez pas du tout (ce qu'on n'aime pas chez l'autre, c'est ce qu'on n'aime pas en nous). Le jeter à la tête de l'autre en le condamnant nous donne l'impression de nous en défaire.

« Tu » est une façon de fuir ses responsabilités et de se poser en victime, en culpabilisant le partenaire : « C'est de ta faute », « Tu m'as mis dans de beaux draps ». Or, nous sommes responsable de notre vie, de ce qui nous arrive. C'est le résultat de nos décisions ou de nos non-décisions.

N'employez pas le « tu » et ne laissez pas l'autre l'utiliser à votre égard. Ne laissez pas parler sur vous.

Utilisez le « je »

Non le « je » égocentrique, mais le « je » de positionnement et de la responsabilité : « Je prends l'entière responsabilité de ce que je dis, j'exprime mes émotions, mon ressenti, mes déceptions, mes craintes, mes souffrances. Je fais part de mes souhaits et de mes besoins. Je donne mon avis. Car je suis le seul être que je connaisse (ou devrais connaître) et dont je puisse parler. Et il est bon que j'informe l'autre de ce qui est en moi. »(2)

Ces règles permettent d'établir un vrai dialogue qui fait avancer les choses. Alors que les discussions et les chamailleries habituelles sont vaines.

Apprenez à gérer les conflits

La situation amènera forcément des confrontations, voire des affrontements. Pour éviter qu'ils tournent mal ou, mieux, pour qu'ils soient générateurs de progrès, il est bon de connaître, ici aussi, quelques règles simples, extrapolées des règles de communication précédemment proposées.

• Écoutez vraiment et entendez ce que l'autre dit, son vécu, son avis, ses propositions.

• Ne parlez pas sur l'autre. N'employez pas le « tu » qui juge, reproche, accuse.

• Parlez de vous. Utilisez le « je » qui exprime votre ressenti, votre opinion, vos souhaits. Et vous responsabilise.

• Sortez de la logique binaire (l'un a tort, l'autre a raison).

• Sortez des accusations réciproques, elles vous enferment. Acceptez d'être critiqué.

• Ne faites pas de projections. Ce que vous combattez chez l'autre, c'est en vérité votre ombre que vous avez projetée sur lui. Ce dont vous accusez l'autre est cette part de vous que vous n'aimez pas et que vous voulez lui refiler. Vous prétendez représenter le « bien », le « mal » en vous vous est insupportable, vous vous le cachez et le cachez aux autres mais vous le faites porter par l'interlocuteur. De vous, il faut qu'on ne voit qu'une belle image.

Cette prise de conscience des mécanismes des conflits va vous permettre de les dégonfler et de les stopper. Supposons que votre partenaire vous accuse d'être menteur(se). Au lieu de vous insurger, acquiescez : « OK, je suis menteur(se) », mais acquiescez sérieusement, posément. Accueillez ce qui pourrait être une accusation pénible, ternissant votre image (celle que vous avez de vous et que vous voulez donner) comme une occasion de vous interroger sur cette part d'ombre qui est vôtre et que vous avez toujours déniée et, plus généralement, comme une opportunité de vous remettre en cause et de mieux vous connaître. Et de dire : « Oui, je suis peut-être menteur(se), je vais y réfléchir. » Et réellement, vous intégrez l'hypothèse et vous y travaillez. Là-dessus, vous passez à un autre sujet ou vous vous esquivez calmement. Cette prise de position aura un premier effet immédiat : celui de désamorcer instantanément le conflit.

Les effets secondaires sont très importants aussi : le fait d'oser intégrer vos identités négatives vous apportera beaucoup :

• cela vous libérera : vous ne serez plus obligé de lutter pour maintenir votre belle image d'être parfait, image qui vous emprisonnait et vous épuisait. De toute façon il y a longtemps qu'on connaissait vos imperfections.

• cela vous rendra invulnérable. Les reproches qu'on pourrait vous faire ne vous toucheront plus guère, alors qu'avant, vous les ressentiez comme une soudaine et blessante révélation vous mettant sous les yeux ce que vous refusiez de voir mais dont l'interlocuteur n'était pas dupe ; d'ailleurs bientôt, vous étant amélioré, on n'aura plus à vous faire ce reproche.

• enfin, cela vous offre la chance, justement, de vous remettre en cause et ayant accepté votre part d'ombre, de vous occuper une bonne fois pour toutes de vos imperfections et donc de progresser.

Voici encore quelques suggestions qui vous permettront d'alléger les conflits :

• Considérez que votre conjoint infidèle n'est pas responsable à 100 % de vos souffrances. Si sa conduite vous affecte tant, c'est que l'événement trouve en vous, plus qu'un écho, une amplification en raison de votre blessure d'enfance ; à la limite, l'ampleur de vos souffrances ne concerne que vous. Dans votre scénario intérieur, l'autre n'est qu'un figurant, l'acteur principal c'est votre enfant blessé qui craint d'être abandonné. J'exagère à peine pour vous inciter à vous responsabiliser. Le fait de vous sentir responsable de ce que vous ressentez vous permettra de contrôler plus facilement votre souffrance et de travailler votre blessure. En outre, vous éviterez de charger votre partenaire, ce qui désamorcera les échanges et détendra la relation. Inversement, se complaire dans le rôle de victime qui accuse son partenaire de ce qu'elle ressent bloque la situation et réduit les chances d'évolution heureuse.

• Voyez toutes « scènes de ménage » comme la remise en scène d'une colère datant de la petite enfance. La femme dit à son mari ce qu'elle n'a jamais pu dire à son père ; le mari dit à son épouse ce qu'il n'a jamais osé dire à sa mère. Ce qui revient aussi à remettre en scène le père face à la mère. « Ainsi, dans une scène de ménage, celui qui se fait engueuler [...] n'est guère concerné, puisque la colère qu'il subit est en fait destinée au parent du même sexe que lui. »(3) Le fait de savoir que dans une dispute, les protagonistes ne s'adressent pas vraiment à l'autre permet de déminer la situation et de comprendre bien des choses.

• Rassurez-vous, dans un couple, les confrontations sont normales. Il ne faut pas dramatiser. C'est une occasion de dépasser ses limites, de purger ses émotions négatives et de se rapprocher.

• Abandonnez l'idée qu'une confrontation doit être une épreuve de force où chacun doit tenter de prendre le pouvoir et de soumettre l'autre, c'est-à-dire de lui faire renoncer à sa position et adopter notre point de vue. L'adhésion authentique de l'autre ne peut qu'être une démarche d'amour.

• Évitez absolument les phrases assassines qui atteignent l'ego. Elles transforment votre partenaire en ennemi irrémédiable et la relation en champ clos. S'il y a un espoir de faire revenir par amour l'infidèle au bercail, ces phrases l'anéantiraient.

Contrôlez vos réactions

Notre désarroi est si grand qu'il nous amène non seulement à prononcer des mots cruels, mais aussi à accomplir des actes malheureux ou à prendre des décisions hâtives. Les voies de fait, quand elles sont minables (appels téléphoniques, lettres anonymes, injures, etc.) nous abaissent à nos yeux ou aux yeux de l'autre. Quant aux plus tragiques (des violences de toutes sortes au meurtre), elles compromettent le reste de notre vie. De toute façon, les unes et les autres ne nous rendent pas l'amour de l'infidèle.

Pour pouvoir mieux contrôler vos réactions, rappelez-vous sans cesse que vos émotions sont dues autant à ce qui est en vous qu'à l'événement. Ce qui est en vous, c'est votre blessure infantile dont nous avons beaucoup parlé et qui se ravive parce que notre inconscient, se basant sur quelques ressemblances, rapproche la situation que vous vivez à des malheurs survenus dans votre enfance. Cependant si la souffrance ici s'accompagne de réactions agressives voire de violences, c'est qu'à la souffrance s'ajoute la peur (qui, c'est une loi de psychologie, entraîne la fuite ou l'attaque). De fait, la situation est porteuse de peurs, et justement les mêmes que celles de l'enfance : peur de perdre l'amour, peur de l'abandon, peur d'être seul. Il se produit un amalgame entre les peurs anciennes mémorisées et les peurs actuelles, le tout culmine en panique et entraîne les réactions disproportionnées. « Quand surgit la violence dans un couple, tentons d'entendre les peurs réveillées en nous et chez l'autre... » La violence est, répétons-le, le déguisement de la peur.

En réalité, votre inconscient a tout faux : la situation n'a rien à voir avec celle du passé et vous, vous êtes un adulte mûr, responsable et autonome. Alors, de grâce, ne vous laissez pas manipuler par des peurs périmées qui déforment votre perception du réel et vous soufflent des actions inadéquates et injustes.

Grâce à ce que vous savez maintenant, vous pouvez ramener les choses à de plus justes proportions : une infidélité est un incident, certes grave, mais ce n'est pas la fin d'un couple. Même une rupture n'est pas la fin de l'amour. Entre des êtres qui se sont aimés vraiment, l'amour ne devrait jamais cesser. De toute façon, l'amour vous l'avez en vous, vous ne pouvez pas le perdre.

Comprenez ce qui s'est passé

L'infidélité révèle l'existence de problèmes dans le couple et en chacun des partenaires. Il n'y a jamais un unique responsable. Chaque conjoint doit se remettre en cause et se demander : « Quelles sont exactement les insatisfactions de l'autre ? Quelle est ma part dans ses insatisfactions ? Quelles sont mes attentes à moi ? Quelles sont mes difficultés psychologiques ? Que faut-il que je change en moi ? Comment fonctionne notre couple ? », etc.

Ces questions vous amèneront parfois à des découvertes surprenantes. Sylvia a compris que par son infidélité son mari (et il lui a confirmé) voulait lui dire : « Cesse d'être plus mère qu'épouse, cesse de me tromper avec les enfants, occupe-toi plus de moi. »

De même, Frédéric a compris qu'en prenant un amant, sa femme lui signifie : « Cesse de me tromper avec ton travail et avec ton sport. J'ai besoin de plus d'intimité, j'ai besoin qu'on se parle plus ; j'aimerais qu'on fasse des choses ensemble. »

Par ces questionnements, vous pourriez découvrir que l'infidélité de votre partenaire correspond à une infidélité que vous faites à une partie de vous-même, comme si votre conjoint allait chercher chez un(e) autre ce que vous n'avez pas su développer de vous.

Béatrice confie : « J'étais une mère et une épouse dite "au foyer", sérieuse, dévouée, mais j'étais cantonnée dans ce rôle : je me refusais tout plaisir personnel, toute échappée ; je n'avais plus aucune fantaisie, je m'habillais sobrement ; bien que jolie, je n'étais plus séduisante et encore moins sexy. La maîtresse que mon mari avait trouvée était tout le contraire : marrante, originale, vivante, curieuse, séductrice et même sexy. J'ai alors réalisé que j'étais tout cela aussi, mais que je m'étais oubliée. J'ai décidé de m'occuper de moi à nouveau. Je me suis habillée selon mes goûts propres, plutôt extravagants et non plus comme une bonne mère de famille, je me suis éclatée dans des activités artistiques qui correspondaient aux études que j'avais faites, etc. » De fait, Béatrice est transformée : c'est une femme séduisante, remarquée, ouverte, gaie, pétillante même. « J'ai retrouvé ma femme » dit Guillaume, son mari.

Parfois, les réponses renvoient à des aspects de soi qu'on n'aime pas trop.

« Pourquoi, s'est demandé Évelyne, ai-je choisi de vivre avec un partenaire instable qui avait peur de s'engager et qui est mal dans une relation durable ? [...] C'est que je suis pareille et que ce partenaire est mon miroir. »

Reste à Évelyne à entreprendre un travail sur elle et à convaincre son compagnon de faire de même.

En effet, si l'on veut progresser en conscience, il faut dépasser les questions ponctuelles liées à l'événement et poursuivre une véritable analyse de soi : « Qui suis-je ? Quelles sont mes croyances ? Quelle est ma blessure ? etc. » Cela vous amènera à vous poser d'autres questions sur vos amours passés, votre enfance, les relations entre vos parents.

Faut-il dire quand on sait ?

Il arrive que l'on sache que son(sa) conjoint(e) nous est infidèle, mais que lui (elle) ne sache pas que l'on sait. Faut-il lui dire ou se taire ? Écoutez ce conte : « Une femme découvre que son mari a une maîtresse. Après mûres réflexions, elle décide de faire comme si elle ne savait rien. Après tout, son mari se comporte envers elle comme il l'a toujours fait ; il semble amoureux, il est tendre, prévenant, disponible, il lui fait l'amour. Elle-même se montre aussi attentionnée, aimante, caressante. Ils semblent heureux ensemble. Beaucoup plus tard, elle apprendra que son mari a rompu avec son amante. Et leur vie commune a continué comme si de rien n'était. » Ce conte s'intitulait *La sagesse du silence*. J'ai oublié qui en est l'auteur. Il est probable que si l'épouse avait dit de façon acerbe à son mari qu'elle connaissait sa liaison et lui avait livré une guerre incessante, le couple aurait été détruit et le mari serait parti rejoindre sa maîtresse. Pour se conduire comme cette épouse, il faut être dans le véritable amour et avoir une grande force d'âme. Ce que chacun peut acquérir.

À qui demander de l'aide ?

Jusqu'ici, je vous ai aidé à gérer seul(e) la situation, car seul ce qui vient de vous, de votre profondeur, sera fondé, donc assumé (vos comportements, vos réactions, vos décisions). Et aussi parce que je sais qu'à peine deux ou trois personnes sur cent pourraient donner des conseils justes et véritablement utiles. La plupart des gens vous donneront des avis inutiles, voire nuisibles. Les propos optimistes (« Ne t'en fais pas, il(elle) te reviendra, j'en suis sûr(e) ») vous donnent de faux espoirs et vous empêchent de faire votre travail de conscience. Les propos pessimistes (« C'est fichu, laisse tomber ») approfondissent votre chagrin inutilement car rien n'est sûr, même le pire. Les condamnations (« Ce salaud, ça ne lui portera pas bonheur » ; « Cette garce sera bien punie ») comme les apitoiements (« Mon pauvre vieux, tu ne méritais pas ça ») ne servent à rien. Quant aux propos de concierge (« Une de perdue, dix de retrouvées » ; « On n'en meurt pas, dans un an vous l'aurez oublié(e) »), vous ne pouvez rien en faire.

Même les gens intelligents ne sont pas forcément de bon conseils, car :

- nul n'est à votre place, dans votre vécu, dans la connaissance de tous les paramètres ;
- chacun n'entendant que votre son de cloche ne peut apprécier objectivement la réalité de la situation ;
- tout le monde fait des projections à partir de son propre tempérament et de sa propre histoire. Les ressentiments des uns et des autres vis-à-vis du sexe opposé, leur peur, ne peuvent qu'alimenter vos pensées en énergies négatives.

Réservez donc vos confidences à des ami(e)s trié(e)s. Quant aux thérapeutes – médecins et psychothérapeutes –, ne consultez que ceux qui sont chaleureux, disponibles, qui ont fait un travail de développement personnel et qui ne prescrivent pas ou prou de médicaments psychotropes.

Vous etes l'infidèle

Tout ce qui a été dit jusqu'alors est valable pour vous. Vous y trouverez les moyens de progresser en conscience et de faire évoluer la situation en évitant les drames. Le plus important pour vous concerne la communication et la compréhension des événements.

Perfectionnez votre communication

Les règles sont les mêmes, les plus importantes étant : évitez le « tu » accusateur et dévalorisant car vous devez éviter de blesser quelqu'un qui se sent déjà blessé gravement. Ayez même la grandeur et l'intelligence de reconnaître et de souligner les qualités de votre conjoint(e). Communiquer, c'est échanger de l'humain, ce n'est pas avoir raison, faire céder, obtenir ce que l'on veut, triompher. Il y a des victoires écrasantes qui ne sont que défaites de l'humain. Laissez donc à l'autre pôle de l'échange sa dignité et son intégrité, c'est-à-dire son amour pour soi et pour la vie.

Efforcez-vous de comprendre

Il s'agit de vous comprendre, de comprendre votre conjoint(e) et de comprendre l'événement. De même que votre conjoint(e) ne doit pas se positionner en victime, refusez de vous situer (ou d'être situé) en coupable. Toutefois, acceptez vis-à-vis de vous-même de vous mettre en cause. Posez-vous ces questions, parmi d'autres : « Quelles sont mes insatisfactions ? Quelles sont mes attentes, mes besoins ? Qu'est-ce que je veux ? Qui suis-je ? Avais-je clairement reconnu en moi ce qui me manquait, ce que je voulais ? L'avais-je clairement dit à l'autre ? Que puis-je faire maintenant ? Comment assumer ma responsabilité par rapport à moi, à l'autre ? »

Dire ou pas ?

Devez-vous « avouer » votre infidélité ? Cela dépend du contrat tacite ou non que vous avez passé avec votre conjoint(e), du niveau de votre relation, de votre amour à tous deux et de la hauteur de conscience de votre conjoint(e).

Le silence n'est pas forcément une cachotterie et l'aveu un signe d'honnêteté et de véracité. Sous les confidences, en réalité, nos motivations ne sont pas toujours aussi claires : nos aveux ont souvent pour but de nous soulager de nos secrets et constituent un moyen de nous déculpabiliser. Et tant pis si le partenaire en souffre. Du reste, il est des confessions dont le but justement est de faire souffrir l'autre pour le mettre à l'épreuve ou pour s'en venger. Dans tous les cas, les informations confiées resteront collées à la mémoire de l'autre et les souffrances en lui provoquées s'effaceront difficilement ; les unes et les autres continueront de peser gravement sur la relation. Même si le partenaire pardonne et passe l'éponge, les ruminations de son inconscient, les ressentiments enfouis, les appréhensions tues, les suspicions insidieuses risquent de déboucher sur de désagréables surprises. Tout événement délicat risque de réactiver les anciennes souffrances et de faire surgir un conflit. Vraiment, toutes les vérités ne sont pas bonnes à dire.

Cela pourrait choquer les idéalistes pour qui l'on doit tout se dire. Mais eux-mêmes seraient-ils capables de tout entendre et tout pardonner ? Bien téméraires ceux qui pensent recevoir des confessions sans en souffrir et sans que la relation n'en soit abîmée. Car rares sont encore les êtres parvenus à un niveau d'amour et de conscience tels qu'ils peuvent respecter la liberté de l'autre sans douleur. Rares ceux qui se sont hissés à l'amour universel. Rares ceux qui savent véritablement *pardonner* ; j'ai dit « pardonner » et non simplement « tourner la page ».

LES GRANDES DÉCISIONS

Après avoir fait face à l'urgence, il vous faudra, au bout d'un certain temps, prendre les grandes décisions : rester ou partir, faire un travail sur vous, accéder à un autre niveau d'amour, pardonner.

Rester ou partir

En ce qui concerne la décision de rester avec votre partenaire ou de le quitter, évitez de prendre des décisions à chaud et rapidement, dans l'ouragan des émotions premières (déception aiguë, colère irrépressible). Donnez-vous le temps de comprendre et de vous expliquer avec votre partenaire ; donnez-vous le temps de voir ce que va devenir l'infidélité, la crise... Si la coexistence est pénible, a fortiori si elle est dramatique, convenez d'une séparation de quelques mois, au cours de laquelle les émotions trop vives se décanteront et chacun fera un travail sur lui : au bout de l'intervalle, vous déciderez de l'avenir.

La colère est bien la plus mauvaise conseillère. Il faut la laisser retomber et même refroidir avant de prendre toute décision. C'est souvent une réaction d'orgueil d'ampleur démesurée qui entraîne des réactions excessives. Elle peut être aussi inspirée par une douleur extrême, à laisser passer aussi.

Jacqueline : « Quand je me suis aperçue que mon mari me trompait, j'ai été renversée, écœurée. Je suis partie sur-le-champ avec nos deux enfants. Il y a de cela dix ans et je le regrette. J'ai agi sur un coup de colère. Quel gâchis ! car le positif l'emportait sur le négatif. »

Quand les émotions les plus intempestives se sont apaisées, quand des explications plus calmes ont été échangées, vous pourrez envisager de prendre une décision. Vous demanderez à votre conjoint de préciser ses intentions ; vous lui donnerez un certain délai mais sans poser d'ultimatum. S'il décide de poursuivre sa liaison, c'est pour vous l'heure de la décision.

Partir

Certains le font parce qu'ils ont atteint leurs limites et que la situation est insupportable. D'autres le font par « dignité » : ils refusent tout compromis par idéalisme, par orgueil ou par psychorigidité.

Quitter un conjoint n'est pas forcément la meilleure idée qui soit. Ne serait-ce pas une meilleure idée de profiter de la crise pour réajuster le couple (sa communication, ses objectifs, etc.) et pour dépasser son ego ? Et puis, une liaison ce n'est pas quelque chose de définitif. Le pire n'est jamais sûr et le meilleur est toujours possible. On a vu plus d'un infidèle revenir à son amour d'attache et plus d'un couple en désaccord se réaccorder à un meilleur octave. De toute façon, les mêmes problèmes de couple se retrouveront avec d'autres partenaires si l'on ne fait pas un travail sur soi.

Rester

Fort bien, mais soyez clair sur vos motivations. Parmi les raisons de votre décision, il y en a de bonnes et de moins bonnes.

Du côté des femmes

• Les bonnes raisons

— Vous l'aimez toujours passionnément ! Point.

— Vous l'aimez et en plus, vous êtes « progressiste », c'est-à-dire partisane de la liberté et vous-même libérée de toute jalousie et possessivité, détachée des souffrances inutiles, débarrassée de tout manichéisme (le tout ou rien). La polygamie, pourquoi pas ?

— Vous l'aimez et en plus vous vous êtres hissée au niveau du véritable amour. Vous êtes donc sortie du besoin d'être aimée et de l'appropriation. Vous vous situez dans le don d'amour. Vous continuez envers et contre tout d'être l'alliée de votre conjoint. Et vous intégrez l'événement dans votre chemin initiatique. Je souhaite que votre partenaire acquière votre niveau de conscience.

• Les moins bonnes raisons

— Vous restez pour les enfants.

— Vous avez choisi votre intérêt matériel : la sécurité, l'argent, le confort, la situation sociale.

— Vous vous dites qu'avec un autre homme ce ne sera pas mieux, vous retrouverez des problèmes.

— Vous restez par soumission à un homme dominant et menaçant. Un brin de masochisme vous y pousse.

Dans ces cas-là, il vous faudra faire taire vos besoins profonds, mais vous risquez de perdre l'estime de vous et de ne pouvoir vous épanouir ; en tout cas, vous vous ennuierez. Et la guerre sourde qui ne manquera pas de s'installer vous coûtera une énergie considérable. Sans doute un jour atteindrez-vous vos limites extrêmes. Votre couple est précaire. C'est vous qui partirez un jour. En effet, les femmes acceptent de moins en moins de subir de telles situations ; elles préfèrent partir, quitte à vivre en solo. 80 % des séparations sont initiées par les femmes.

Catherine : « Je n'accepte pas la situation mais j'aime Bernard. C'est avec lui que je veux passer le plus clair de mon temps, c'est lui que je veux retrouver le soir, lui à qui j'ai envie de raconter mes histoires. Cet accident est arrivé parce qu'il est atteint du virus de l'infidélité, oui chez lui, c'est comme une maladie chronique. C'est un adolescent, pas très sûr de lui et qui a besoin d'être rassuré. Séduire, ça le rassure.

Tant que j'étais dans le soupçon et qu'il niait, j'étais très mal, angoissée. Depuis que je suis fixée, ça va mieux, la vérité m'a apaisée. Je laisse faire, je ne pars pas mais j'ignore. Pas question d'entendre ses confidences. Et je me refuse à fouiller ses poches, à flairer ses chemises, à chercher des indices.

Je l'aime toujours, mais sa liaison a cassé quelque chose : l'élan total que j'avais pour lui, le don sans réserve. Ce que je ressens, c'est plus qu'une blessure d'amour-propre, c'est une brisure, oui, un rêve, un idéal brisé. Pour ne pas entendre mes souffrances, je me suis reconvertie, je m'occupe plus de mes enfants et je m'investis à fond dans mon travail. »

Karine : « J'accepte. On est toujours amoureux. Ses infidélités, c'est le moteur de notre couple. Oui, ce n'est pas contre notre couple, au contraire, ça le nourrit. Quand il revient de chez sa maîtresse, il est très tendre, très excité. C'est naïf de croire qu'une seule femme ou un seul homme peut combler quelqu'un toute la vie. Et c'est hypocrite de voiler la réalité : on a besoin de plusieurs partenaires. L'amour physique, après tout, c'est un jeu. Qu'il le fasse avec moi ou avec une autre, c'est pas grave. De toute façon, d'emblée il pose des limites à ses maîtresses. La femme de sa vie, c'est moi. Ses infidélités, c'est vraiment une chance supplémentaire de rester ensemble. »

Pascale : « Je tolère parce que je l'aime assez pour souffrir par lui. Et puis se quitter après vingt ans, ça n'a pas de sens. De toute façon, j'ai peur d'être seule. Et je n'ai pas envie de quelqu'un d'autre. C'est arrivé parce qu'il s'ennuyait. Sa liaison, ça lui a fait un feu d'artifice, il est gai. Pour moi, c'est un enfer. Toute la journée, ça me trotte dans la tête : "Que fait-il ? Où est-il ?" Je ne crois plus ce qu'il me dit.

Je l'aime encore, mais ce n'est plus pareil. C'est la fin d'une forme d'amour idéal. J'ai la nostalgie de la confiance absolue, de la transparence. Quand même, je sens bien que nos liens sont profonds et que nous ne sommes pas très éloignés. Alors j'espère. »

Du côté des hommes

Autrefois, les hommes répudiaient les femmes infidèles quand ils ne les exécutaient pas. De nos jours, les décisions qu'il leur faut prendre sont les mêmes que celles des femmes : se séparer ou rester ensemble. Quand ils décident de rester, c'est à peu de choses près pour les mêmes raisons que les femmes.

- Les bonnes raisons : Ils aiment. De toutes façons.
- Les moins bonnes : Les enfants, l'intérêt (ne pas perdre le patrimoine acquis), la peur de la solitude et la crainte de retrouver les mêmes problèmes avec une autre femme.

Thierry a appris l'infidélité de Brigitte de la bouche même de celle-ci. Elle a voulu « jouer franc-jeu » ; elle lui a même précisé d'emblée qu'elle n'avait pas l'intention de divorcer. Thierry s'est effondré, anéanti : « Puisqu'elle me trompe, se disait-il, c'est que je ne vaux rien, que je fais mal l'amour. C'est aussi parce que je ne suis pas assez ceci ou pas assez cela. » Doublant la dévalorisation, une peur l'envahit : « Et si elle me quittait, malgré ce qu'elle affirme ? » Désemparé, il perdit le sommeil et glissa dans un état dépressif. Il se laissa même aller à quelques violences. Un jour, il porta plus gravement la main sur elle, puis tenta de se suicider. Son séjour à l'hôpital le fit réfléchir. Il décida de vivre seul dans un studio pendant quelque temps ; il rendait visite à Brigitte et leurs enfants le week-end. Il entreprit un travail de développement intérieur, travailla sur sa blessure infantile, se reconstruisit et reprit confiance en lui.

Brigitte vit cet homme se transformer peu à peu, il l'intéressa à nouveau. Plus solide, il était plus attractif, désirable même. Elle fit elle-même un travail personnel. Ayant tous deux accédé à un autre niveau de conscience, ils purent se ré-unir pour un nouveau projet.

Cet exemple illustre deux réactions propres aux hommes :

• Quand ils sont « trompés », les hommes ramènent aussitôt l'événement à un problème de performances érotiques. Or, il est rare qu'une femme s'adresse à un tiers uniquement pour un problème érotique. Elle recherche bien autre chose, comme nous l'avons vu.

• Quand ils apprennent « la chose », les hommes tombent des nues, comme si elle était imprévisible et injuste. Or, il y a des mois, peut-être plus, que leur femme leur envoie des signaux très nets, voire des sommations. Sans résultat. L'homme n'entendait que d'une oreille, esquivait ou « bottait en touche ».

Brigitte avait maintes fois dit à Thierry : « Je voudrais te parler », ou « Thierry, écoute-moi ». Elle s'était lancée dans un développement ; l'homme, impatient, avait fait mine d'écouter, pensant : « Comme c'est compliqué les femmes. Elle a une belle maison, de l'argent, de beaux enfants, qu'est-ce qu'elle veut de plus ? »

L'issue heureuse de cette histoire montre qu'un couple en crise peut en sortir par un travail de transformation psychique. À mon avis, c'est la seule voie pour reconstruire quelque chose de valable.

Reconquérir

Certaines personnes décident non seulement de rester, mais même de reconquérir leur conjoint. Pour retrouver l'amour (exclusif) d'un(e) infidèle, ils choisissent entre deux voies : soit adopter une stratégie spectaculaire, soit opérer une transformation profonde.

La reconquête stratégique

Prenons le cas d'Emma. Quand elle a su que Loïc avait une liaison, elle a commencé par jouer les grandes scènes pathétiques : déclarations passionnées, démonstrations de désespoir, rappels solennels des promesses, menaces de mort tous azimuts. Entre les scènes, des escarmouches où fusaient accusations diverses et dénigrements de la rivale. Rapidement, elle s'aperçut que cela ne servait à rien et même que cela faisait fuir Loïc, son infidèle de mari.

Elle décida de quitter le registre émotionnel et d'agir avec finesse, sinon intelligence : « Puisque concurrence il y a, se dit-elle, soyons meilleure que la rivale », et de se composer un personnage. Avant tout être digne et pour cela : primo, ne plus s'abaisser à parler de la rivale, et secondo, contrôler ses émotions, ne plus se laisser aller à la tristesse, à la colère et à la haine, être au-dessus de ces sentiments communs, qui en plus enlaidissent et agacent Loïc. Enfin, se donner les allures d'une femme compréhensive, généreuse, ouverte, enjouée et rajeunie de ce fait. Loïc finira bien par voir de quel côté est la classe, la liberté, la légèreté, la joie, la jeunesse. « Et il me reviendra. » Et il lui revint.

C'est ici que Emma perdit la partie : elle venait de produire un effort surhumain, bien que dans le superficiel, était épuisée, avait besoin de souffler. Aussi, ne pouvant tenir la distance, elle redevint, malgré elle, ce qu'elle était. Loïc, qui s'attendait à ce qu'elle continue à être légère, ouverte, généreuse, joyeuse, etc., fut désorienté, puis déçu. Il n'était qu'aux débuts de ses désillusions : bientôt, Emma, croyant avoir gagné, ne put retenir plus longtemps les reproches qu'elle avait sur le bout de la langue ; elle les décochait et lançait à leur suite des demandes (et même des exigences) d'excuses. Alors pour Loïc commença l'expiation de « tout le mal qu'il lui avait fait ». Désarçonné, désabusé, il s'abîma dans un profond silence et quelques pintes de whisky. Comme il aimait la maîtresse qu'il avait lâchée mi par devoir, mi par regain d'intérêt pour son histrione d'épouse, c'est un homme mort qu'Emma hébergeait. Dans ces conditions, il fut impossible de faire renaître l'amour.

La reconquête profonde

Il y avait trois mois qu'Eric avait une maîtresse quand Sophie s'en aperçut. Il ne voulut pas rompre sa liaison. Comme, elle aimait son mari, elle décida de rester près de lui et d'établir avec lui une autre relation. Elle analysa la situation, n'hésitant pas à se remettre en cause. Elle comprit beaucoup de choses et piquée de curiosité pour ce monde intérieur qu'elle découvrait en elle, décida d'en savoir plus. Elle voulait se connaître mieux, et surtout cesser d'être manipulée par les forces obscures qu'elle percevait dans ses profondeurs. Elle entreprit un travail de développement personnel avec un thérapeute, fit des stages. Elle apprit à communiquer, à dépasser son besoin d'être aimée, à relativiser ses souffrances, à renoncer à la possessivité. L'infidèle, d'abord soupçonneux, vit sa femme s'affirmer et s'épanouir. Il fut à nouveau attiré par elle. Elle devint un repère dans sa propre quête ; il eut envie d'évoluer à son tour plutôt que de continuer à mendier quelque rassurance dans des amours passagers. Il ne tarderont pas à retrouver un cheminement commun.

ÉVOLUER

Parmi les grandes décisions qu'il vous faut prendre face à la crise, celle de l'évolution est bien la plus importante, car elle conditionne tout le reste. Que vous restiez ou que vous partiez, décidez de faire un travail de transformation sur vous ; l'événement a bien montré que c'était nécessaire. Si vous restez, cela vous aidera à restaurer votre couple ; si vous partez, cela vous évitera de rater le prochain.

Ce travail consistera à vous construire mieux encore et apprendre ce qu'est le véritable amour.

Le pardon libère, la rancune et la rancœur enchaînent. Le pardon relève du véritable amour ; encore faut-il qu'il soit profond. Le plus souvent, nos pardons, aussi magnanimes paraissent-ils, sont superficiels. Pardonner, ce n'est pas tourner la page, passer l'éponge, autrement dit oublier, faire comme si « cela n'avait jamais existé » (6) ; cela est un déni de réalité. Ce n'est pas non plus « comprendre » et excuser ; cela est une complaisance. Ce n'est pas, enfin, accepter d'avoir subi une fatalité ; cela, c'est se résigner. La blessure, elle, est inscrite profondément dans le psychisme et dans le corps (fracture mentale, troubles psychosomatiques, etc.) et quelle que soit notre indulgence, elle sera présente dans la relation. Pour accéder à un pardon qui entrera dans le progrès de conscience, il faut réaliser une double démarche :

Vis-à-vis de soi

• Reconnaître pleinement notre souffrance, son importance, la nommer, puis la soigner, en particulier en s'occupant de l'enfant blessé.

• Reconnaître lucidement notre part de responsabilité dans la survenue de l'événement et dans le retentissement qu'il a eu en nous (notre blessure). Il ne s'agit pas de se culpabiliser, mais d'être honnête. Puis il faut nous pardonner, en regardant avec amour l'enfant blessé et l'adulte imparfait. Enfin, il faut décider de faire un travail sur nos blessures et nos imperfections.

Vis-à-vis du conjoint

Il faut désigner clairement les choses et lui écrire une lettre sobre :

« J'ai été blessé profondément, j'ai souffert. J'en prends ma part de responsabilité. Je te renvoie la part de blessure et de souffrances qui ne m'appartient pas, je te remets les violences qui ne m'appartiennent pas. Je te pardonne. Je t'aime du plus profond de mon âme. »

Ce n'est pas un acte d'accusation, c'est une mise au jour de la réalité de notre vécu, c'est une mise à plat de l'abcès. Et une ouverture vraie sur un avenir clair.

Chapitre 8

ÊTRE FIDÈLE À SOI SORTIR DE L'INFANTILISME SE CONSTRUIRE

Toute solution valable aux problèmes de couple passe par la résolution des problèmes personnels de chacun. Il n'y a pas d'autres issues. Il faut renoncer à croire que les choses vont s'arranger toutes seules et renoncer à attendre que l'autre change, en espérant bien entendu qu'il changera dans un sens qui nous convient. C'est sur soi qu'il faut commencer de travailler. Et tant mieux si l'autre s'y met aussi.

Le but est de trouver et d'affirmer sa vraie personnalité. « Deviens ce que tu es » nous invite à nous débarrasser des faux moi, des apparences, des croyances, des comportements qui nous ont été imposés par les parents, les éducateurs, les religieux, pour retrouver notre vrai moi, c'est-à-dire nos sentiments à nous, nos besoins personnels, nos attitudes véritables. Et leur faire confiance. Et retrouver notre vrai pouvoir. Ce qui revient à être fidèle à soi.

Être fidèle à soi prédispose à être fidèle à l'autre : la fidélité à soi rend centré sur soi-même, vrai et solide. Or, plus on est authentique, plus on a des relations fortes. Et plus on est solide, plus ses engagements sont indéfectibles.

Le but est aussi de s'épargner d'inutiles souffrances, d'échapper à des peurs génératrices de scénarios désastreux, de cesser de subir sa vie pour en devenir le créateur, de sortir du mal d'amour pour entrer dans l'amour véritable. Bref, d'acquérir une certaine sagesse et de s'approcher d'une forme de bonheur.

Pour atteindre ces buts, c'est une véritable transformation de soi qu'il faut entreprendre, ce qui implique d'aller voir à l'intérieur de soi afin de se connaître, de remettre en cause ses croyances et ses comportements, de se réconcilier avec soi. Alors on peut espérer maturer, grandir et s'accomplir.

Se connaître pour se construire

À cette période de remous et de choix qu'ouvre la survenue d'une infidélité, la nécessité de se connaître devient capitale pour gérer nos réactions et orienter nos décisions. De toutes façons, le « Connais-toi toi-même » de Socrate demeure une injonction fondamentale pour l'être humain. Se connaître permet de choisir ce qui est bon pour nous : les êtres avec qui nous serons en harmonie et avec qui nous pourrons croître, les actions où nous pourrons épanouir nos aspirations et nos dons. Se connaître devrait aussi nous permettre d'éviter ce qui est mauvais pour nous : les êtres et les actions néfastes.

Vous voilà donc face à votre miroir, à vous poser la question : « Qui suis-je ? » L'immensité de l'interrogation vous donne le vertige. Alors décomposons-la en sous-questions, en commençant par ce qui est positif.

Quelles sont mes qualités ?

Relevez ce que vous aimez en vous, ce que les autres aiment en vous, ce qui vous a permis de vous affirmer, ce qui vous rassure, ce qui vous donne un sentiment de bonheur intérieur, ce qui vous rapproche des autres. Vos points forts recensés, écrivez-les sur une feuille blanche : c'est la base de votre confiance en vous, de l'amour que vous pouvez avoir pour vous, en un mot, c'est votre base. C'est aussi votre part de lumière ; plus vous la développerez, plus vous vous aimerez et plus on vous aimera.

Quelles sont mes insuffisances et mes déficiences ?

Ne rechignez pas, regardez-vous en face et pointez ce que vous n'aimez pas en vous (voire ce qui vous dégoûte), ce que les autres n'aiment pas en vous, ce qui vous fait rater vos projets, ce qui écarte vos amis et vos amants, ce qui vous rend malheureux. Bref, ce que vous voudriez changer. C'est votre part d'ombre.

Là sont vos insuffisances, vos déficiences, vos incapacités, ce qui vous limite et que les parents et les enseignants ont tellement dénoncé ; c'est de là que viennent vos complexes d'infériorité. Là sont également les parties de vous qui vous rendent fragile et vulnérable ; des craintes, des manques, de l'insécurité, de l'anxiété, de l'angoisse même. Là enfin sont des sentiments « mauvais » dont vous avez honte : les peurs, les ressentiments, la colère, la haine, l'agressivité, la violence ; mais vous êtes fait de cela aussi.

Ces parties sombres se mêlent à vos éclats de lumière. Si bien que ce que vous êtes en réalité, c'est cet assemblage complexe et extravagant du meilleur et du pire. D'autant plus déroutant que les multiples aspects ne sont pas seulement différents, ils sont paradoxaux. Vous êtes à la fois aimable et détestable, fort et vulnérable, tendre et cruel, calme et colérique, intrépide et couard, etc. En plus, cette complexité constellée de paradoxes est mouvante et changeante comme un kaléidoscope.

Vous n'aimez pas votre part d'ombre ; sa noirceur, sa *complexité*, ses *paradoxes*, sa *mouvance* vous donnent une mauvaise image de vous, vous compliquent la vie, brouillent vos points de repère. Et en plus, parents et éducateurs, comme je l'ai évoqué ci-dessus, n'ont eu de cesse de vous en donner honte. Leur attitude dure, rigide, manichéenne, leurs exigences aveugles, vous ont rendu extrêmement sévère avec vous : vous n'êtes jamais aussi bien que vous le voudriez. En réalité, vous n'êtes pas comme ils vous voulaient.

Bien que vous n'aimiez pas votre ombre, je vous propose pourtant d'y descendre, d'en faire l'inventaire, puis de l'accepter. Et même d'aller plus loin qu'une acceptation par indulgence, somme toute superficielle ; il vous faut accepter plus profondément, plus radicalement votre « mauvais côté » : il vous faut l'*intégrer*, c'est-à-dire considérer que vos défauts et vos insuffisances font autant partie de votre identité que vos qualités : en effet, les nier vous enferme dans la répétition de réactions négatives tandis que les intégrer vous permettra d'évoluer. Les nier n'a que des inconvénients, les intégrer que des avantages :

• Les nier ne les empêche pas d'intervenir à votre insu et de vous manipuler. Que vous le vouliez ou pas, ils sont partie prenante de vos émotions, décisions, actions, relations. Au contraire, les regarder en face et les intégrer vous permettra de les contrôler ou dépasser.

• Les nier vous maintient dans le faux et la vanité. Au contraire, les intégrer vous rend authentique et humble. Et permet des relations justes.

• Les nier vous contraint à dépenser beaucoup d'énergie pour maintenir la belle façade que vous avez fabriquée et derrière laquelle vous les escamotez à vous-même et aux autres. Inversement, les intégrer vous épargnera ce gaspillage d'énergie – et vous libérera car cette façade était une prison aussi.

• Les nier vous rend vulnérable. Rien n'est pire qu'une blessure reçue par le défaut de la cuirasse qu'on affectait d'ignorer. Tout se passe comme si on vous révélait par surprise quelque chose que vous vouliez cacher ; la peur et la honte se mêlent à la douleur. Au contraire, les intégrer enlève la surprise, la honte et la peur, et atténue la douleur de la blessure. Si, par exemple, vous avez tendance à mentir mais que vous refusez de l'admettre et craignez que les gens ne le sachent, vous serez blessé doublement car surpris et honteux quand quelqu'un vous traitera de menteur ; votre blessure sera proportionnelle à vos dénégations. Mais si un jour face à votre miroir, vous reconnaissez : « Oui, j'ai tendance à mentir », vous accepterez mieux ce reproche à l'avenir. D'autant qu'après cette confrontation avec la glace, vous vous interrogez sur l'origine profonde de vos mensonges (le plus souvent une peur de parents trop sévères) et que vous décidez de faire face aux situations dangereuses plutôt que de les esquiver par un mensonge.

• Les nier vous condamne à les pérenniser. Au contraire, les intégrer vous donne la faculté de les amender.

• Les nier, enfin, complique vos relations avec votre partenaire et plus généralement avec les autres :

— Si je refuse mes imperfections, c'est que je suis intolérant envers moi, ce qui me conduit à être intolérant envers les autres. Ce que je n'accepte pas de moi, je ne peux l'accepter des autres. Inversement, si j'accepte et intègre mes imperfections, je deviens tolérant envers les autres et en particulier envers mon(ma) partenaire ; il(elle) n'aura plus à être cet être idéal et parfait dont je rêvais. En m'acceptant, je m'ouvre à l'amour. De l'amour de soi à l'amour de l'autre, la boucle est bouclée.

— Si je refuse mon ombre, je refuse par le fait même d'en identifier les démons, mais ceux-ci n'en existent pas moins. Quand une difficulté relationnelle apparaîtra, ils se réveilleront et m'inspireront des réactions malheureuses sur lesquelles je n'aurai plus de prise. Par exemple, ils me feront projeter sur mon(ma) partenaire, un de mes aspects négatifs que je refuse. Ou l'agresser quand une peur que je refusais de voir me saisit.

— Si je méconnais mon ombre, je ne pourrai me confier totalement à l'autre, ni m'abandonner à une véritable intimité.

— Si je dénie mon ombre, je ne pourrai recevoir l'ombre de l'autre, ce qui interdit également une relation authentique.

De toute façon, soyez plein de compassion face à vos déficiences, vos fragilités, vos peurs. Elles ne sont pas la marque de votre infériorité/méchanceté/perversité/etc. particulière, elles sont la marque de votre humanité. Les êtres que vous admirez ont aussi leur ombre et leurs travers contre lesquels ils ne cessent de lutter. Sortez du jugement, vous qui êtes le fruit amer d'un monde de jugement, ceux qui vous jugeaient ne faisaient que projeter leurs mauvais côtés. Traitez avec bonté l'enfant blessé en vous. Et faites-le grandir.

Quel est mon « grand besoin » ?

Sans doute, comme chez la plupart des êtres humains, votre plus grand besoin est d'être aimé. Besoin infini apparu à votre naissance, comme vous le savez, et qui s'est confirmé au cours de votre enfance. Il est au centre de votre « grand manque » et est partie prenante de votre « grand rêve ». C'est aiguillonné par lui que vous poursuivez sans relâche votre quête d'amour.

Il est normal de vouloir être aimé, reconnu, apprécié ; mais chez beaucoup de personnes, ce besoin est excessif. C'est en particulier le cas de ceux que les parents n'ont pas su élever dans un juste amour. Un besoin excessif d'être aimé complique la vie et dramatise les amours.

En effet, son excès renforce la nature infantile du besoin : il se fait absolu et exclusif. Ce que vous voulez, c'est être pris en charge totalement, en permanence et sans partage. À l'extrême, c'est la fusion que vous voulez. Vous êtes exigeant, voire tyrannique. Et terriblement égocentrique : tout vous est dû. Ce besoin vous rend donc inapte à aimer véritablement : vous prenez tout, mais vous donnez peu. Si au moins cela vous rendait heureux, mais ce besoin vous insécurise : vous vivez dans la peur d'être abandonné, ce qui vous rend anxieux, susceptible, tendu.

En plus, vous êtes insatiable, un vrai mendiant au panier percé. On a beau y mettre des mots, des gestes, votre panier ne peut jamais se remplir et vous n'êtes jamais content. Mais à force de réclamer sans être satisfait, ceux qui vous donnent finissent par se lasser.

Enfin, vous êtes dépendant. Ce besoin d'amour est une addiction qui fait de l'autre votre alcool, votre drogue. Et pour être aimé, vous feriez n'importe quoi, même aimer... et là vous vous abusez : quand vous croyez aimer généreusement, en réalité vous aimez pour recevoir de l'amour en retour ; vous confondez aimer et besoin d'être aimé. Quand vous dites « Je t'aime », votre inconscient dit « Aime-moi, j'ai besoin de toi ». Pour être aimé, vous iriez même jusqu'à soigner, du reste, vous êtes médecin, infirmière, assistante sociale, éducateur, etc., toutes professions qui garantissent des retombées de gratitude, des échos d'amour.

Le besoin d'être aimé est le plus grand manipulateur qui soit. Et vous lui avez remis votre destinée. Pour le meilleur. Pour le terrible.

Vous ne serez un être libre que lorsque vous aurez dépassé ce besoin. Il faut absolument que vous preniez clairement conscience de cela, que vous reconnaissiez honnêtement qu'il est à l'origine de vos souffrances, de vos peurs, de vos échecs et, surtout, de votre incapacité à aimer. Quel gâchis que votre vie sentimentale jusqu'alors ! Mais quel courage de voir les choses en face aujourd'hui. Vous êtes prêt à vous débarrasser de ce besoin ; en voilà le moyen : aimez-vous. Quand vous vous aimerez vous-même, vous trouverez en vous les ressources que vous alliez mendier chez les autres. De s'aimer comble le manque en soi. Nous y reviendrons.

Quels sont mes autres besoins ? Qu'est-ce que j'attends de la vie ? Qu'est-ce qui me ferait plaisir ? Se connaître c'est aussi savoir cela.

Si vous ne le savez pas, personne ne le saura non plus et vous demeurerez insatisfait. À moins que, comme cela est souvent le cas, votre partenaire ne prétende le savoir et, imposant ses vues, se mettra à dire et à faire à votre place. Par amour, par gentillesse en tout cas, vous laissez faire, vous vous laissez faire ; vous voulez tellement vous faire aimer. Mais un jour, cela ne vous convient plus et vous vous rebellez ; et commencent les incompréhensions et les conflits. Il faut aussi savoir que la sollicitude d'un partenaire peut être une façon de s'approprier l'autre.

Peut-être savez-vous ce que sont vos désirs et vos attentes, mais vous y avez renoncé pour vous consacrer à ceux de votre aimé(e), vous l'aimez tellement. C'est une erreur. Aimer, ce n'est pas se sacrifier, renoncer à soi. Cela, c'est se manquer d'amour. Et cela n'amène pas votre partenaire à vous aimer plus, au contraire, ça le conduit à ne pas vous prendre en considération plus que vous le faites vous-même, c'est-à-dire à se désintéresser de vous.

Inversement, si sachant ce que sont vos besoins, vous vous employez à les satisfaire, autrement dit si vous vous occupez de vous, si vous vous faites plaisir, votre partenaire s'intéressera à vous. C'est en se respectant qu'on se fait respecter. C'est en étant fidèle à soi, à la vie en soi, qu'on induit les conditions de la fidélité de l'autre.

Quelles sont mes aspirations ?

« Quelles sont mes aspirations ? Pour quoi suis-je fait ? Ces aspirations sont-elles les miennes ou celles de mes parents ou de mon partenaire ? Qu'ai-je fait pour réaliser mes aspirations et épanouir mes dons ? Qu'ai-je fait pour devenir ce que je suis, pour être pleinement moi ? Pour m'accomplir ? Qu'est-ce qui m'empêche de faire ce pour quoi je suis fait ? Pour réaliser ce dont je rêvais quand j'avais 18 ans ? »

Où en est ma blessure d'enfance ?

Au cœur de votre mémoire est le souvenir indélébile d'une blessure reçue au cours de l'enfance et par la suite multipliée à l'infini. Il arrive que certaines scènes pénibles de votre vie affective d'adulte soient assimilées par votre inconscient aux scènes traumatisantes du passé. Aussitôt votre blessure se réouvre et sa douleur double, voire décuple les douleurs du présent.

Essayez de vous rappeler et, pour cela, écartez la brume, écarquillez les yeux, tendez l'oreille : un enfant apparaît, deux ans environ, il pleure, il vient de tomber, il va vers sa mère en boitillant. Sa mère s'agenouille, regarde le genou écorché. Puis elle prend l'enfant dans ses bras, le console. Survient le père : « Que fait-il encore dans tes bras celui-là ? À force de le cajoler, tu vas en faire une mauviette ! » Déjà l'enfant prend peur. « Il est tombé », dit la mère. « Encore... ? » s'exclame l'homme irrité. La mère montre le genou du garçon. « Ce n'est rien, dit l'homme, il n'a qu'à faire attention ! Pose-le et viens ! » Le ton est rédhibitoire. La mère pose l'enfant : l'enfant s'accroche. La mère à regret se détache. Et s'éloigne entourée par les grondements de la voix de l'homme. L'enfant sur le sol, tranché, abandonné, paniqué, seul, hurle. La mère disparaît. L'enfant ne peut même plus crier : une douleur enfonce sa poitrine, l'empêche de respirer.

L'enfant s'est fait homme. L'homme a oublié les douleurs de l'enfancement dans les bras d'une femme. Mais un jour, la femme, il l'a vue passer aux côtés d'un autre homme. Une douleur aussitôt a enfoncé sa poitrine, l'empêchant de respirer. Et il s'est senti tranché, abandonné, paniqué, seul.

Tous nous avons au fond de nous un enfant blessé. En certaines circonstances, la plaie s'avive et l'enfant souffre et pleure. Et il nous entraîne dans des souffrances et des pleurs à contretemps. Et il nous embarque dans des scénarios qui ne sont plus de mise.

Cet enfant, il faut s'en occuper et c'est à nous de le faire, seul ou avec un thérapeute. En aucun cas il ne faut demander à l'amour (d'une femme, d'un homme) de s'en charger : l'amour est fait pour danser, pas pour panser. Ne mélangeons pas les rôles. N'encombrons pas l'amour. Parlez à l'enfant, rassurez-le, consolez-le. Dites-lui que désormais, c'est vous qui êtes son père, sa mère et qu'il ne sera jamais plus seul ni blessé. Dites-lui que vous l'écoutez, que vous comprenez son chagrin, qu'à l'époque des événements, ses parents n'avaient pu faire autrement, que la vie était difficile et qu'ils faisaient ce qu'ils pouvaient, qu'ils étaient eux-mêmes des enfants mal-aimés. Séchez ses larmes, faites-le sourire. Chaque fois que dans votre vie, un incident réveillera en vous la blessure de l'enfant, parlez-lui, dites lui que l'incident ne le concerne pas, qu'il peut jouer tranquillement et vous inspirer. Car l'enfant heureux, c'est votre créativité, votre spontanéité, la fraîcheur de votre sensibilité et votre goût du jeu. L'enfant rieur, c'est votre trésor. Chérissez-le, remerciez-le. Et amusez-vous avec lui.

Les blessures de l'enfance ne peuvent être guéries en un temps bref et par des moyens superficiels. Il faut y travailler sans relâche.

Qu'en est-il de ma programmation infantile ?

En ces temps-là vous viviez dans un microcosme limité aux parents, aux sœurs et aux frères, auxquels s'associaient les grands-parents et les éducateurs. Les « grands » étaient tout-puissants, ils pouvaient vous procurer autant d'agréments que de désagréments, vous chérir ou vous abandonner, vous nourrir ou vous affamer, vous caresser ou vous frapper, vous gâter ou vous punir. Vous, impuissant, impotent, vous étiez dépendant de leur amour, de leurs humeurs, de leurs névroses. Aussi, dans le but d'obtenir le plus d'amour possible et d'éviter autant que possible les frustrations, les souffrances et les punitions, vous aviez échafaudé un système de croyances et mis au point des schémas d'actions et de réactions.

Croyances et schémas qui, à force d'être confirmés par les faits, ont été mémorisés de façon indélébile par le cerveau et par chacune de nos cellules. Chaque fois qu'une situation analogue aux situations originelles survient, le programme s'enclenche et détermine automatiquement et inconsciemment les mêmes comportements : séduction, soumission, protection, fuite, colère, révolte, autopunition. Désormais, tout se passe comme si une disquette surprogrammait toute votre vie : la disquette infantile.

Plus tard, lorsque vous êtes entré dans le macrocosme, ce monde élargi de l'adulte (le couple, les enfants, la famille, le milieu de travail, la ville), vous avez continué à obéir à la disquette du microcosme. Le même système de croyances et les mêmes schémas de comportement dirigent votre vie d'adulte, bloquant votre pensée, déformant votre perception de la réalité, vous imposant des actions stéréotypées, ce qui limite vos possibilités d'action et votre développement affectif, en d'autres termes votre capacité à aimer.

Dans son enfance, Arnaud était systématiquement rejeté par son beau-père dès qu'il s'en approchait ou tentait de lui parler. Il en souffrait énormément car c'était un enfant câlin. Il renonça donc à s'approcher de cet homme et à lui adresser la parole ; bientôt, il se mit à l'éviter, à le fuir même. Désormais, il fuira toutes les situations où il s'exposerait à être rejeté. Adulte, il se comporte de la même façon : il se protège de tout risque de rejet. Au travail, il n'occupe volontairement que des emplois subalternes et en change dès qu'il s'imagine qu'il peut déplaire. Quant aux femmes, il ne s'intéresse qu'à celles qui sont « inoffensives » et les quitte dès qu'il croit pressentir une désaffection. De telles attitudes reviennent à rejeter les autres avant même qu'ils l'aient rejeté et à se rejeter lui-même loin des autres. In fine, cette programmation aberrante aboutit à un cercle vicieux : lui se croit rejeté, alors qu'il est rejetant, les autres se croyant rejetés l'évitent, ce qui confirmera l'impression d'Arnaud d'être rejeté.

Le père de Frédéric était extrêmement sévère, intolérant, exigeant. Tout acte qui lui déplaisait était méchamment puni. Pour échapper aux punitions, Frédéric n'avait d'autres solutions que de mentir. Aujourd'hui, à 50 ans, face à tout homme détenant une quelconque autorité (patron, policier, contrôleur et autres « chefs »), il utilise le mensonge plutôt que d'assumer sa responsabilité. Chez lui aussi, tout a été faussé dès le départ. Il décode son vécu et réagit en fonction de la peur indélébile que lui inspirait son père.

Et combien de peurs, liées cette fois à la mère, télécommandent la vie affective de la plupart des hommes ! Par-dessus tout, la peur de perdre l'amour, née chez l'enfant en ces jours lointains où la mère s'absentait quelque peu ou, pire, quand elle allait rejoindre le père dans le lit. Quarante ans plus tard, l'homme dont la partenaire s'absente de façon inhabituelle, sent monter en lui une angoisse et une voix au fond de lui, précisant la menace, susurre : « Et si elle était partie voir un autre homme ? Et si elle allait me quitter ? » Quelle que soit notre réussite sociale et notre âge, nous réagissons presque tous comme des enfants.

En laissant agir l'ancien programme, nous nous infligeons beaucoup de souffrances aussi intenses qu'inutiles. Pire, nous nous laissons entraîner dans des comportements inadaptés au présent, erronés et répétitifs, véritables scénarios où l'on rejoue des scènes de l'enfance et qui nous conduisent à l'échec par panique, manque de confiance en soi et autopunition.

Il est temps que vous changiez de disquette. Celle de l'enfance est périmée, elle ne correspond plus à la réalité, pire, elle crée une fausse réalité en projetant une vision dépassée sur l'actualité. Sous son emprise, vous demeurez une personne infantile, c'est-à-dire inachevée, bloquée dans une position de survie et incapable d'évoluer vers d'autres façons d'aimer. Le plus grand progrès de conscience que vous puissiez faire, c'est d'en finir avec la programmation du microcosme. Il faut, dans une situation douloureuse, repérer ce qui appartient aux scènes du passé et bien prendre conscience de ce qui est archaïque (et donc infantile) dans votre comportement actuel. Et alors vous dire : « Stop, elle n'est pas ma mère, il n'est pas mon père et je ne suis pas cet enfant éperdu ! » Oui, la plus grande réussite humaine c'est de devenir, sur le plan affectif, une personne parachevée, capable d'évoluer vers des formes d'amour plus matures, de construire le véritable amour.

Mûrir

Se connaître, intégrer son ombre, dépasser son besoin d'être aimé, panser sa blessure, changer sa disquette c'était déjà sortir de l'infantilisme, autrement dit mûrir. Mais il est une autre démarche capitale pour accéder à la maturité affective, c'est de se responsabiliser.

Quand surviennent des difficultés et des souffrances sur notre parcours amoureux, nous invoquons trop souvent la malchance (« Je n'ai vraiment pas de chance, je suis encore tombé(e) sur un type comme ceci, sur une femme comme cela. »). Plus souvent encore, on accuse le(la) partenaire (« C'est de la faute de Y ; il(elle) m'a fait ceci ou cela. »). Nous sommes très doués pour culpabiliser l'autre ; il faut dire que cela marche à tous les coups : si l'on ne réussit pas toujours à infléchir ses décisions, au moins on lui donne mauvaise conscience.

Il est vrai que le problème de la responsabilité n'est pas toujours simple. Faire la distinction entre ce dont nous sommes responsable et ce dont nous ne sommes pas responsable est l'un des plus grands problèmes de l'existence. Il y a ceux qui disent plutôt : « C'est pas de ma faute » et ceux qui ont tendance à dire : « Oui, c'est à cause de moi ». Les personnes qui, enfant, ont été élevées sans amour et sans estime (ou peu) se sentent plus facilement coupables. Si leur mère ou leur père ne les ont pas aimés ou estimés, compte tenu que les parents sont des êtres parfaits qui ont forcément raison, c'est que réellement, ils n'en valaient pas la peine ; en conséquence, dans toutes les situations litigieuses, ils se chargent des torts. Inversement, les enfants qui ont été rendus injustement coupables de méfaits qu'ils n'avaient pas commis et punis inéquitablement (spécialement par le pire des châtiments : « Je ne t'aime plus ») auront tendance à esquiver leur responsabilité et même à en charger quelqu'un d'autre : « Ce n'est pas moi, c'est Untel ». Adultes, ils continueront à tout mettre sur le compte de l'autre, en particulier sur le dos du(de la) partenaire : « C'est de ta faute, c'est à cause de toi ». Finalement, la capacité de jauger sa responsabilité est le résultat d'une longue maturation.

S'il est si important de se responsabiliser, c'est que c'est un moyen de progresser. Tant qu'on reporte sur les autres (l'autre) sa responsabilité, tant qu'on n'assume pas ses erreurs, on ne peut les analyser, les comprendre et résoudre les problèmes sous-jacents qui les génèrent. Par contre, si l'on prend sur nous tous nos actes, même les moins glorieux, on entre dans un processus d'évolution et de libération. D'esclave qui subit les autres et les événements, on devient un être libre de choisir, de décider et d'assurer la suite de ses décisions. Autrement dit, on quitte le statut de victime pour se réapproprier son pouvoir et être créateur de sa vie.

Ce qu'il y a de merveilleux dans la responsabilité assumée, c'est qu'elle implique la solution des difficultés : puisque le mal est en nous, le remède est en nous.

Dans un couple, les difficultés affectives ne sont jamais le fait d'un seul partenaire. C'est une erreur d'accuser l'autre d'être la cause de ses propres malheurs et de ses conduites ; chacun doit chercher à l'intérieur de lui-même les raisons de ses difficultés et de ses réactions. C'est notre part d'ombre, nos programmations infantiles, nos choix, etc., qui génèrent nos manques, nos échecs et déclenchent nos tristesses, nos peurs, nos colères. Quant à la souffrance, chacun est comptable de son ressenti. Si elle est atroce chez les uns et plus tolérable chez d'autres, c'est en fonction de la profondeur de la fameuse blessure en chacun. Se responsabiliser, c'est reconnaître le rôle de sa blessure et entreprendre de la panser par soi-même, sans attendre que quelqu'un le fasse.

D'une façon générale, se responsabiliser, mûrir, c'est prendre en charge soi-même son enfant intérieur : guérir ses plaies, combler ses manques. Vous êtes la seule personne dont c'est la responsabilité de le faire et celle qui est la plus apte à le faire.

Rappelons que dans 80 % des cas, ce sont les femmes qui initient les séparations ; elles le font par désespoir : celui de voir leur compagnon persister dans l'immaturité.

S'AIMER SOI-MÊME

La source de l'amour, c'est l'amour de soi et par extension l'amour de la vie.

Pourquoi ne s'aime-t-on pas ?

Les raisons du non-amour de soi se situent aussi bien dans notre corps que dans notre personnalité psychique.

Trop de gens n'aiment pas leur corps et ont du mal à entrer vraiment en contact avec lui. Certains croient avoir des raisons de le détester (un visage disgracieux, une silhouette trop grosse, une taille trop petite, des seins trop volumineux ou trop réduits, etc.) ; ils sont hantés par ces imperfections. D'autres aiment leur corps en dépit de ses défauts. D'autres, enfin, qui ont un corps parfait, le détestent quand même. Ce ne sont donc pas seulement les imperfections qui produisent la mésestime de soi, c'est aussi le regard qu'ont porté sur nous nos parents. Si le père ou la mère n'ont pas valorisé le corps de l'enfant ou, pire, s'ils l'ont dévalorisé, leurs avis est inscrit au fer rouge sur son front et sur celui de l'adulte qu'il sera.

Sur le plan psychique également, trop de gens ne s'aiment pas vraiment. Ils sous-estiment leurs qualités et ne voient que leurs défauts. Ils font des « complexes » (d'infériorité, d'incapacité, de culpabilité), voire des névroses d'échec. Certains pratiquent l'auto-dénigrement : ils disent du mal d'eux-mêmes (ce qu'il ne faut jamais faire car il en reste toujours quelque chose chez les autres), ils pratiquent même l'autopunition (« C'est bien fait pour moi si j'ai raté telle chose »). Ici aussi, c'est l'attitude des parents qui a été déterminante. C'est eux qui ont délivré l'estampille indélébile « cancre », « incapable », « non aimable ».

Les malheureuses conséquences du non-amour de soi

Elles sont particulièrement graves pour la relation amoureuse.

Un besoin insatiable d'être aimé

Celui qui ne s'aime pas demande à son partenaire de l'aimer à sa place et se montre aussi excessif qu'insatiable. Il attend toujours des preuves d'amour, guette les mots, épie les gestes. Il lui faut sans cesse des confirmations, des réassurances. Il a peur de perdre l'être aimé, il vit dans l'inquiétude et panique à la moindre apparence de désaffection. Du reste, il s'attend à être abandonné : il interprète les phrases et les attitudes dans un sens qui lui est défavorable, il ne retient que ce qui témoignerait d'un désamour et confirmerait qu'il ne peut être aimé. On dit qu'il *tamise*. De ce fait, son humeur est instable, il passe vite de l'exaltation à l'effondrement, de l'adoration aux récriminations. Son partenaire, d'abord surpris, ne sait pas sur quel pied danser, puis, blasé, n'accorde pas plus d'importance aux adulations qu'aux reproches. Ainsi, ce panier percé, non content d'étouffer et d'épuiser son partenaire, le désoriente. Ce qui n'est pas très bon pour le couple. L'amour basé sur le manque et la dépendance tournera court, un jour ou l'autre.

Une incapacité à aimer

On ne peut aimer vraiment l'autre que si l'on s'aime soi-même. On ne peut arriver à l'amour-don que si l'on est passé par l'amour de soi. D'une façon générale, l'amour pour les autres, pour être authentique, doit être fondé sur l'amour de soi-même.

Une incapacité à se laisser aimer

On ne peut se sentir aimé tant que l'on ne s'aime pas ; plus précisément, on ne peut accepter de se laisser aimer tant qu'on accepte pas de s'aimer soi-même. Notre réceptivité à l'amour des autres est fonction de notre propre degré d'amour de nous. Or, celui qui ne s'aime pas s'est coupé de ses sens et de son cœur pour ne plus souffrir de ses manques, de ses frustrations ; et pour se protéger de l'extérieur, des violences infligées, il s'est forgé une carapace. Il ne se sent plus, il ne sent plus les autres. Ses sensations et ses sentiments lui sont imperceptibles. Il arrive aussi que l'être qui ne sait pas se laisser aimer développe des tactiques de fuite telle l'agitation perpétuelle : cela consiste à se livrer à d'incessantes occupations d'ordre professionnel ou non, l'impossibilité à « rester à ne rien faire ». Pas tant pour prouver qu'il n'est pas ce « paresseux », ce « bon à rien » que dénonce son critique intérieur, que pour fuir le tête-à-tête avec lui-même ou avec l'autre.

Un déséquilibre dans la relation

Celui qui ne s'aime pas n'existe pas, aussi va-t-il, pour exister, s'appuyer sur l'autre et vivre à travers lui. À la longue, cette attitude risque d'user ce dernier et d'altérer l'intimité. Celle-ci ne peut se satisfaire longtemps d'une relation déséquilibrée ; les échanges intimes supposent l'existence de deux personnes qui tiennent debout seules, existent à part entière et ont chacune quelque chose à donner.

Une succession de conflits

Celui qui ne s'aime pas va multiplier les conflits. Ses demandes et ses récriminations, incessantes, vont tendre l'atmosphère jusqu'à ce que son partenaire lui accorde les réassurances qu'il attend. Parfois, la tension est telle qu'une dispute éclate. On peut alors se demander pourquoi l'inconscient de celui qui ne s'aime pas l'a poussé à cette extrémité. Qu'en espère-t-il ? la réconciliation ? pas forcément. Et s'il cherchait la rupture ? En effet, sa position est ambiguë : il semble se plaire à tangenter le gouffre comme s'il cherchait à y tomber. Tout se passe comme si une voix en lui disait : « Tu ne peux être aimé ; si ton(ta) conjoint(e) actuelle t'aime, c'est qu'il(elle) est stupide. Pour en avoir le cœur clair tu devrais te tester auprès d'un(e) autre ».

Les heureuses conséquences de l'amour de soi

La plus importante, c'est de vous délivrer du besoin d'être aimé. C'est la plus grande libération qui soit. En allant chercher l'amour à l'intérieur de vous, vous n'avez plus à le quémander à l'extérieur. Il est du reste logique que le seul, ou en tout cas le premier, à pouvoir combler *réellement* votre « grand manque », ce soit vous-même. Vous êtes celui dont l'amour vous est le plus nécessaire.

Débarrassé du besoin d'être aimé, vous pourrez accueillir l'autre sans peur de le perdre, sans crainte de souffrir ; l'autre ne peut plus vous faire mal, vous avez le pouvoir de ne plus souffrir. Débarrassé de l'état de manque, vous pourrez aimer l'autre sans réclamer, sans geindre, sans le « pomper », sans l'épuiser, sans douter, en l'acceptant tel qu'il est, en respectant sa liberté. Votre relation sera équilibrée, vraie, enrichissante, *toujours renouvelée et joyeuse*. Débarrassé de l'attente fiévreuse, vous pourrez recevoir l'amour non comme un secours vital (et paradoxalement porteur de douleurs potentielles), mais comme une grâce venue de surcroît, à goûter sans mélange. L'autre n'est pas là pour remplir un vide mais pour apporter un « plus ». Enfin, débarrassé de votre mendiement incessant, vous attirerez l'amour. « Mieux l'on parvient à s'aimer soi-même, plus la source d'amour jaillit librement... C'est aimer qui fait qu'on est aimé et c'est alors, la plupart du temps, qu'une fidélité qui n'est plus exigée s'installe toute seule. » (7) Bref, débarrassé de votre ego, vous pourrez accéder à l'amour-don. Le bonheur en couple vous est maintenant possible.

S'aimer

S'aimer, c'est se considérer comme un être à part entière, libre, égal aux autres, fait pour aimer et être aimé (donc digne d'amour), un être pourvu d'un certain nombre de qualités qui lui sont propres et dont certaines constituent un véritable talent, un être destiné à une mission bien spécifique en rapport avec son caractère et ses talents. S'aimer, c'est se donner les moyens de rester libre, de vivre dans l'amour, de développer ses dons et de réaliser ce pour quoi on est fait. C'est se construire un moi solide mais fécond et ouvert aux autres.

On voit donc que s'aimer n'a rien à voir avec l'égoïsme ou l'égocentrisme. Du reste, ce qui caractérise l'égoïste, ce n'est pas tellement l'hypertrophie de l'ego que sa structure exclusivement centripète : il ramène tout à lui, ne parle que de lui, ne pense qu'à lui, ne s'occupe que de lui. Plus qu'une forme de suffisance, cette attitude traduit plutôt un manque en soi, spécialement un manque de confiance.

Dans notre culture imprégnée de religion chrétienne on a mauvaise conscience à s'aimer. On nous a tellement prêché l'oubli de soi, voire même le sacrifice de soi. Sans doute a-t-on mal entendu le message de Jésus qui était : « Aime ton prochain *comme toi-même* pour l'amour de Dieu. » Sans doute aussi a-t-on mal transmis le sens de son supplice final, insistant plus sur le côté sacrificiel que sur sa dimension sacrée, si bien que chez trop de gens, le don de soi a des relents de masochisme.

Heureusement, la *vox populi* affirmait en contrepoint : « Charité bien ordonnée commence par soi-même. » Heureusement, de nos jours, l'évolution des esprits inverse les attitudes. En réaction à la pression des idéologies dominantes (qu'elles soient religieuses ou politiques) qui donnaient la priorité à la collectivité sur l'individu, est venu le temps de la reconnaissance de l'individu. Il faut dire que les systèmes de pensée qui nous furent imposés n'ont pas tenu leur promesse de bonheur ; pire, ils ont enfermé les êtres dans le malheur et la mésestime d'eux. Même aujourd'hui, l'individu libre de toute pression (mais aussi dépourvu de tout repère) doit, seul, trouver sa voie et inventer sa religion. C'est à chacun de se construire à sa façon, en fonction de sa nature et de ses prédispositions, à chacun de trouver ses références, sa vérité, son sens, ses buts. Et s'aimer corps et âme.

Aimer son corps

Il faut aimer son corps car dans l'intimité, on le montre, quelles que soient ses imperfections. Il faut l'aimer parce qu'il est *vous* aussi. À partir du moment où vous avez habité ce corps (où vous vous y êtes incarné), il est devenu artificiel de vouloir le scinder en corps et en esprit, vous êtes un tout. C'est pourquoi vous devriez dire non « le corps que j'ai », mais « le corps que je suis ». Par ailleurs, votre corps mérite une reconnaissance infinie eu égard aux milliards de services qu'il vous a rendu. Et une admiration sans borne, compte tenu de la complexité inouïe de sa structure et de la perfection quasi-absolue de son fonctionnement. Ayant étudié ces choses et ayant soigné des milliers de malades et de blessés, je sais que la vie est un miracle de chaque instant. Aimez donc la vie qui foisonne dans votre corps, elle vous relie à la vie qui parcourt tous les êtres et l'univers.

Aimer son mental

Ce qui a été dit dans ce chapitre vous a déjà donné les bases de votre amour pour vous et les moyens de l'approfondir. En voici la quintessence :

- soyez bien conscient de vos points forts, soulignez-les et appuyez-vous sur eux ;
- intégrez vos points sombres afin d'être plus vrai, donc moins vulnérable et efforcez-vous de les transformer ;
- changez le disque de votre enfance. Les appréciations négatives de cette époque n'ont plus cours. Les douleurs et les peurs remontant à ce temps sont dépassées ;
- quant au bilan de votre vie (« ai-je réalisé ce pour quoi j'étais fait ? »), ne soyez pas injuste pour vous, voyez ce qui a été fait, parfois dans des circonstances

difficiles. Mais ne soyez pas trop indulgent non plus. Si je souhaite que vous vous aimiez, je ne veux pas pour autant que vous soyez trop vite content de vous. Soyez sage, soyez humble, mais soyez ambitieux aussi, à condition que cette ambition soit au service de l'amour et contribue à l'évolution des consciences. De toute façon, sachez qu'« il n'est jamais trop tard pour bien faire », comme le dit l'adage populaire. On a vu des artistes, des écrivains, des chercheurs qui se révélaient à 60 ans, même à 80 ans. En tout cas essayez. « Il n'est pas besoin d'espérer pour entreprendre, ni de réussir pour persévérer », cette phrase de Thomas Moore devrait vous guider.

Ainsi, l'amour de soi, comme on l'entend ici, n'est pas un rétrécissement sur l'ego, un recroquevillement sur soi. Il est approfondissement et agrandissement de sa source intérieure dans le but de la faire rejaillir avec plus d'abondance à l'extérieur. De toute façon, l'amour de soi ne suffit pas pour vivre heureux ; il n'est porteur de bonheur et de sens que s'il donne envie d'étendre l'amour alentour, de faire circuler l'amour dans la communauté des vivants. Ainsi, l'on est passé du besoin absolu – égoïste – à l'amour absolu – universel.

Chapitre 9

AIMER AUTREMENT : PRÉVENIR ET DÉPASSER L'INFIDÉLITÉ

La crise est l'occasion, la chance même, d'accéder à l'amour véritable. C'est du reste en lui donnant ce sens qu'elle sera moins douloureuse.

L'énergie de cette transformation sera puisée dans les réserves colossales de l'état amoureux. Le feu nécessaire à cette alchimie, c'est au cœur de ce cratère qu'on le trouvera. Autrement dit, le capital d'amour constitué à cette période, même s'il fut mal utilisé, est fabuleux et nous servira à construire une autre forme de relation.

SORTIR DES PROCESSUS DE L'ÉTAT AMOUREUX

Sortir de l'idéalisation : accepter l'autre dans sa réalité

Nous avons vu qu'au cours du stade critique, chacun sortait des images et tendait à reprendre sa vraie personnalité. Il faut non seulement accepter ce mouvement mais l'encourager. Du courage, il en faudra : courage d'être soi-même, de s'affirmer dans son authenticité au risque de déplaire et même de n'être plus agréé, voire même abandonné ; courage de tenir bon alors que l'autre n'a de cesse de nous tirer en arrière pour revenir à ce qui, dans le passé, lui convenait. Courage d'accepter l'autre dans sa vérité et, mieux, de le pousser à s'affirmer. En un mot : courage d'accepter la réalité.

On passe alors de l'idéalisation à l'authenticité : nous aimions un être idéal, fictif, construit à partir de nos mythes et de nos besoins personnels dont nous exagérions les qualités et estompions les défauts ; désormais, nous aimerons l'être tel qu'il est, y compris avec ses insuffisances et ses déficiences, mais perfectible quand même. Ce n'est pas de la simple indulgence, c'est de l'amour. Et c'est de l'humilité, tant pour celui qui laisse voir son aspect négatif que pour l'autre qui en l'acceptant, cesse son autopromotion (être l'élu d'un être merveilleux, c'était magnifier son propre moi). L'amour vrai suppose deux êtres, vrais et humbles.

La crise était la découverte de ce qui était impossible. Cette nouvelle phase est l'exploration du possible. L'avenir du couple dépend de sa capacité à composer avec la réalité ; s'il y arrive, il durera et leur relation s'approfondira. Car les conjoints vont se retrouver à un autre niveau, celui des êtres vrais et non plus celui des personnages ; en un point où ils pourront se rechoisir : « Je t'aime toi, sans te mettre dans mon rêve, sans faire de projections, je t'aime réel(le), humain(e). »

Sortir de l'identification : accepter d'être différent

Il faut renoncer à la ressemblance et accepter (et même encourager) les dissemblances qui apparaissent. Nous l'avons vu également, ce sont ces différences qui créent l'attraction, la curiosité, le désir ; ce sont elles qui nourrissent les conversations, les interrogations, les confidences ; elles qui engendrent la richesse des échanges entre les partenaires. Alors cultivons-les. Redevenons d'abord pleinement nous-mêmes, puis reprenons notre évolution en fonction de nos propres aspirations et de nos dons personnels. Réapproprions-nous notre identité et développons-la. À chacun sa personnalité et son destin. Bref, soyons à nouveau un étranger pour l'autre. Le flux de l'amour circulera et s'amplifiera d'autant plus que les points de vue et les niveaux seront distincts.

Pour redevenir soi-même, il faut se recentrer sur soi, s'occuper de soi, se concentrer sur ses propres sensations, se préoccuper de son propre bien-être, avoir son espace à soi, du temps à soi, des activités personnelles. Bref, il faut développer l'intimité avec soi-même. C'est une forme d'égoïsme légitime. Pour permettre à l'autre de redevenir lui-même, abstenons-nous de le juger, efforçons-nous de le comprendre ; son monde intérieur est différent du nôtre, il n'en est pas plus déraisonnable ou moins valable ; à nous d'entrer dans ses arcanes.

Sortir de la fusion absolue : conquérir son autonomie

Il faut repasser du « nous » permanent au « je ». Le « nous », nous l'avons vu, mène à l'aliénation, à la dépendance et à la possessivité. La fusion conduit à la confusion. Se resituer dans le « je », c'est redevenir une entité distincte, pleine et autonome et dès lors se donner les moyens d'épanouir sa personnalité. Et, répétons-le, plus chacun des partenaires sera distinct et épanoui, plus l'intérêt de l'autre se maintiendra et le désir circulera. Une telle relation sera vraie, riche et solide. La défusion ne doit pas être un drame mais une autre naissance.

L'autonomie va remplacer la soumission et s'opposer à la possessivité. Pour la conquérir ou la reconquérir, voici ce qu'il faut faire : ne plus vivre que pour l'autre et par l'autre, mais vivre aussi pour soi et par soi. Ne plus dépendre de l'autre pour exister, être plein, être heureux, avoir des projets, se réaliser. Et se donner les moyens de l'autonomie : du temps pour soi, un espace à soi, une activité et des recherches personnelles. Bien sûr, il faudra que chacun respecte l'autonomie de l'autre. Faire des choses pour soi sans l'autre, ce n'est pas le faire contre l'autre.

Autonomie ne veut pas dire indépendance totale et simple coexistence. C'est une indépendance qui se conjugue avec une relation intense, une solidarité à toute épreuve. Les aimants autonomes sont toujours profondément reliés et continuent à partager beaucoup : ils ont des activités communes et des projets communs, ils réalisent des co-créations. Ils ont bien sûr des séquences de proximité physique et psychique, qui du reste sont plus profondes et plus fécondes. Ils ont même des moments de fusion. Mais ici la fusion n'est plus absolue, permanente et prégnante, elle se vit par morceaux choisis où l'on entre librement, où l'on partage intensément et dont on sort sans nostalgie, léger et joyeux. Ici on ne retient du fusionnel que le meilleur.

Il ne faut pas se cacher que l'exercice est délicat : il faut à la fois se détacher et se rattacher autrement, s'autonomiser et en même temps se réajuster. Comment concilier deux mouvements apparemment contradictoires ? La notion d'intimité personnelle et d'intimité commune va le permettre. L'intimité personnelle est la partie de notre existence où l'on vit pour soi, où l'on agit pour soi ; c'est le temps qu'on se préserve, c'est l'espace qu'on se réserve. Concrètement, il faut délimiter des horaires à soi et s'approprier un lieu à soi. À côté de cette intimité personnelle, il y aura l'intimité commune, où l'on vivra et agira ensemble, où l'on partagera des temps communs, des lieux communs, des activités communes (familiales, sexuelles, créatrices, spirituelles, etc.).

Sortir de la dépendance

La fusion aboutit souvent à un attachement excessif : la dépendance. « La dépendance, dit Valérie, j'ai connu. Les jours où Olivier ne venait pas, j'étais véritablement malade : j'avais l'estomac noué à ne pas pouvoir manger, mon cœur me serrait et cognait par à-coups, je tournais en rond, je n'arrivais pas à me mettre à un travail, je me sentais vide ; alors j'embrassais ses photos. Pour me coucher, je mettais ses photos sous l'oreiller et j'enfilais ses tee-shirts ; ça m'apaisait, mais quand même, je dormais mal, je me sentais si seule. Bref, sans Olivier, je ne vivais pas. Dès qu'il arrivait, je ressuscitais, j'étais pleine, j'étais légère, je l'étreignais à le broyer, puis je ne le quittais plus, je faisais tout avec lui. C'était le bonheur ! »

Tout amour comporte un certain degré de dépendance ; mais il est des cas où c'est quasi-maladif. Le dépendant maladif n'a qu'un seul but dans la vie : se faire aimer. Quand il a trouvé un amoureux, il ne vit que par lui, à travers lui, comme si lui-même n'existait pas. Il attend ses décisions, les adopte. Il le suit dans ses déplacements. En son absence, il croit mourir. Il est possessif et ne supporte pas la liberté de l'autre. S'il fait beaucoup pour celui qu'il « aime », c'est dans l'intention de se l'attacher. On pourrait croire qu'il est fidèle, mais si son partenaire s'éloigne trop longtemps, il se rabat sur la première personne qui s'intéresse à lui. L'autre, au fond, n'existe que comme objet comblant son vide. Du reste, lorsque son partenaire le quitte définitivement, passés quelques jours de désespoir, il s'accroche bien vite à un autre être : c'est cela ou mourir. Peu importe le partenaire pourvu qu'il ait l'*ivresse*. En vérité, l'autre est sa drogue.

Sous la dépendance, on retrouve bien sûr le « grand manque », creusé dans l'enfance par des besoins d'amour insatisfaits et perpétué sous forme de faim d'amour insatiable et d'insécurité profonde.

Pour se débarrasser de la dépendance, il faut d'abord en prendre conscience : voir comment on a agi jusqu'ici, constater combien notre trajectoire amoureuse a été sous-tendue par cette impression de vide et ponctuée de liaisons qui ne nous satisfaisaient que provisoirement. Reconnaître que nos comportements relevaient plus d'une recherche de rassurances que de l'amour véritable et qu'ils ne nous ont pas apporté de bonheur durable. Et conclure que d'une façon générale, attendre le bonheur de quelqu'un d'autre déçoit toujours. Quand vous aurez fait cela, vous serez mûr pour décider de combler le manque par vous-même, autrement dit de vous autonomiser. C'est la seule façon d'évoluer vers la félicité et le don d'amour.

La dépendance était l'incapacité de trouver en soi des ressources et l'obligation d'aller les puiser chez l'autre ; l'autonomie sera la capacité d'accéder à sa propre source. La dépendance était l'impossibilité d'exister en soi et la nécessité de vivre à travers l'autre ; l'autonomie sera la possibilité de fonctionner tout seul. Etre dépendant, c'était aliéner sa vie à l'autre, l'autonomie consistera à la rapatrier en soi, à se la réapproprier. Etre dépendant, c'était se renier ;

l'autonomie demandera de se réconcilier avec soi-même.

Héloïse : « J'ai découvert mon être profond et je n'attends plus d'être aimée pour sentir que j'ai de la valeur. Je respecte la beauté que j'ai en moi. Je sais maintenant que j'ai le droit d'être moi, de vivre aussi pour moi. Ce n'est pas parce que j'aime Olivier que le reste du monde n'existe plus et que je dois renoncer à faire de la musique, à lire mes livres, à voir mes amis et amies. Pour être juste, ce n'est pas Olivier qui me l'interdisait, c'est moi qui ne vivait que par lui. On peut dire que j'étais infidèle à moi-même. »

In fine, l'autonomie est le summum de l'amour : deux personnes ne s'aiment vraiment que lorsqu'elles sont capables de vivre l'une sans l'autre, mais choisissent de vivre ensemble.

CE QUE N'EST PAS L'AMOUR

Ce n'est pas le besoin d'être aimé

La plupart des êtres confondent le besoin d'être aimé et « l'aimer ». Quand ils disent : « Je t'aime », ils pensent « Aime-moi ». Même ceux qui croient aimer généreusement s'attendent à être aimé autant en retour.

Le besoin d'être aimé est normal, mais quand il devient excessif, il rend incapable d'aimer. Celui qui est trop occupé à prendre ne saura donner. Celui qui est aspiré par son manque ne pourra se tourner vers l'autre pour lui faire une offrande. On ne peut aimer vraiment et se laisser aimer que si on est sorti du besoin d'être aimé. Car ce besoin est une expression de l'ego ; or, aimer, c'est dépasser son ego, c'est être dans le don inconditionnel.

Ce n'est pas le sacrifice de soi

Se sacrifier signifie tuer son moi, ne plus écouter ses besoins personnels, ne plus les satisfaire pour ne plus écouter et satisfaire que les besoins des autres. « Se dévouer corps et âme » relève du même esprit de sacrifice. Et cela n'est pas de l'amour.

Le père de Luc était un alcoolique et un coureur de jupons, il négligeait sa famille. Luc en avait beaucoup souffert. Il s'était juré d'être le contraire de son père. Il se présentait comme un homme sobre, sérieux, tout dévoué à sa famille. Il faisait l'impossible pour satisfaire tout le monde ; il allait même au-devant des désirs de chacun ; il était aux petits soins pour sa femme, il faisait les caprices de leurs enfants et accomplissait les travaux domestiques. Mais il ne s'accordait jamais de temps pour lui et ne se faisait jamais plaisir. Son comportement infantilisait les membres de sa famille qui n'avaient plus à prendre d'initiative, qui ne sentaient même plus ce qu'ils voulaient faire ou être. Le comble, c'est que personne n'était heureux, ni sa famille, ni lui-même et personne n'avait de reconnaissance. Luc s'épuisait pour rien.

Derrière cette attitude exemplaire, il est facile de déceler des motivations moins admirables. Plus ou moins inconsciemment, ce que voulait Luc c'était réparer par personnes interposées ses blessures d'enfance, donner aux autres et se donner à lui-même une belle image et s'humilier, c'est-à-dire satisfaire un certain masochisme.

« Se sacrifier par amour » est une notion sans fondement : quiconque aime vraiment connaît le plaisir en donnant, quiconque fait quelque chose choisit de le faire parce qu'il en tire une certaine satisfaction. Chacun est responsable de ses choix. Luc n'était pas authentique quand il disait qu'il faisait tout cela « pour sa femme », « pour ses enfants », en ne laissant jamais apparaître qu'il en tirait quelque satisfaction.

Luc ne savait pas ce qu'est aimer vraiment. Aimer a comme préalable de s'aimer d'abord, or, manifestement, Luc ne s'aimait pas. Aimer, c'est être vrai afin de permettre aux autres de l'être aussi ; or Luc était dans l'image donc dans le faux ; il cachait ses sentiments réels (sa satisfaction ou sa désapprobation, sa fatigue ou sa colère) de peur de ternir sa figure de héros. Aimer, c'est aussi, parfois, ne pas donner pour encourager l'autonomie et l'initiative de l'autre. Aimer, c'est non pas se détruire dans le sacrifice mais s'agrandir dans le dépassement, mouvement qui remplit, régénère et rend heureux. Au fond, l'amour est à la fois généreux et égoïste puisqu'il fait du bien aux autres autant qu'à nous.

Ce n'est pas qu'un sentiment

Certes, l'amour est bien ce sentiment que l'on éprouve pour quelqu'un, c'est donc quelque chose de subjectif, mais s'il n'était que cela, il serait fragile. En effet, les sentiments s'usent, chacun a pu le constater, et les statistiques le confirment : à notre époque, sur trois mariages, deux se terminent par un divorce au bout de trois ans. On pourrait donc croire que « l'amour » dure au moins trois ans. Pas du tout : les enquêtes montrent que la passion n'occupe que la première année, la seconde étant celle de la tendresse et la troisième celle de l'ennui. Une enquête précise même que la passion dure 317,5 jours.

À cette usure, il y a plusieurs explications :

• Le lâchage de nos neurohormones : sur le plan biochimique, l'état de grâce correspond à une surabondance de sécrétions de certains neurohormones et de certains neuromédiateurs (lulibérine, dopamine, phénylethylamine, endomorphines...) par le cerveau. Mais à la longue, ces sécrétions se réduisent puis s'épuisent. Sans doute parce que les stimulations ont perdu de leur primeur et de leur intensité.

• La fin des illusions inhérente à l'état amoureux. Le retour à la réalité et la lucidité dégonflent l'hypertrophie sentimentale.

• L'inconsistance des mythes romantiques, en particulier du mythe de la prédestination : à chaque femme correspond un homme fait pour elle, et à chaque homme, une femme conçue pour lui. Il n'y a donc pas à faire d'effort pour s'adapter à la personne réelle. Au contraire, si des efforts sont faits, c'est pour mouler la réalité dans le rêve. Or, la seule base sur laquelle un couple peut se construire c'est l'acceptation de la réalité de l'autre, l'acceptation de l'autre tel qu'il est. Quant à l'amour, au lieu de l'enterrer le jour où on prend conscience que l'autre n'est pas celui ou celle dont on rêvait ou qu'on avait cru voir, on pourrait au contraire ce jour-là découvrir ce qu'est l'amour véritable.

C'est donc une erreur de tout miser sur le sentiment ; au bout de quelques années, on n'a plus rien à partager. Du reste, la fragilité des unions en Occident vient justement de l'importance considérable et disproportionnée accordée au sentiment. L'amour y est, depuis des siècles, l'otage d'un sentimentalisme où se mêlent fantasmes et fatalité, émotions extrêmes et destin tragique. Toute une littérature, pour ne pas dire toute la littérature, a été consacré à cet amour romanesque.

L'amour sentimental non seulement ne garantit pas la permanence du couple, mais il n'assure pas non plus sa félicité. Au nom de cet amour, on souffre, on fait souffrir, on tue même, bref, on se fait mal. Il est donc bien cruel, ce sentiment qu'on disait le plus doux.

Cette position vous paraîtra abrupte, mais il me fallait dénoncer ce « tout-sentiment » qui sévit en Occident et fait échouer tant de couples. Il n'empêche que les sentiments et l'émotion, c'est ce qui donne à l'amour son humanité – sa chaleur, sa couleur – et sa force. Il ne s'agit donc pas de les renier, ou pire de les réprimer, ce qui conduirait à une relation froide, désincarnée ; ni non plus de nous laisser gouverner par eux. Ni maîtres, ni esclaves, nos sentiments sont nos alliés : ils nous apportent une énergie brute ; reste à la transférer dans notre travail de transformation. Transmuée, cette énergie nous donnera le courage et la discipline nécessaires à notre évolution. Ce sentiment – état subjectif – se fera action – état dynamique, volontaire. Aimer, n'est-ce pas agir en vue de l'évolution spirituelle de chacun ?

CE QUE POURRAIT ETRE L'AMOUR

Avant tout, une relation

Faire un mariage d'amour, qu'y a-t-il de plus beau ? Mais qu'y a-t-il aussi de plus fragile ? Car, hélas, les sentiments s'usent... Alors quand ils auront atteint un niveau plus modeste, qu'est-ce qui va maintenir ensemble les deux partenaires ? Le plus souvent, ce seront les contraintes extérieures : les croyances, les enfants, les intérêts (les biens, l'argent, etc.) et aussi, même de nos jours, la peur des jugements ou les menaces du conjoint. Ce qui ne s'assure pas la qualité du couple, son agréabilité. En vérité, ce qui va permettre de demeurer ensemble de façon vivante, féconde et agréable, c'est la relation : « Ce ne sont pas les sentiments qui maintiennent deux êtres ensemble dans la durée, mais la qualité de la communication. » (2) Inversement, c'est la qualité de la relation qui nourrit le sentiment et entretient l'amour. « Il ne suffit pas que j'aime l'autre, encore faut-il que j'aime la relation qu'il me propose et qu'il puisse apprécier la relation que je lui propose. »

La relation, c'est pouvoir se dire et être entendu et compris, pouvoir se dire et pouvoir agir, sans être jugé, rabaissé, rejeté ; c'est aussi l'assurance d'être conseillé et aidé quand c'est nécessaire. Et c'est échanger de la richesse. Cette relation, c'est comme une troisième personne : il y a toi, il y a moi et il y a la relation : 1+1 = 3. C'est un processus vivant ; il faut y être attentif, le soigner, le chérir. C'est aussi un processus exigeant : il faut qu'à chaque extrémité, chacun se responsabilise : je suis responsable de ce que j'envoie à l'autre et qui exprime mes émotions, mes choix, etc., et responsable de ce que je reçois de l'autre, c'est-à-dire des effets que ça produit en moi. C'est enfin un processus qui permet de passer de la fusion de l'état amoureux à l'alliance que constitue la phase suivante du couple.

La relation ne se résume pas au langage parlé ; il y a aussi le langage non verbal, tout ce qui s'exprime sans mots : le contact (le toucher, les caresses, les baisers, la sexualité), les regards, les gestes, les attitudes, les mouvements et tout ce que perçoit le sixième sens, l'intuition.

En ce qui concerne le langage parlé, nous avons vu au chapitre précédent les règles de base de la communication. Rappelons que la première règle est de savoir écouter. Pour y arriver, il faut, à certains moments, faire carrément un exercice volontaire : décider de donner du temps et toute son attention à l'autre et ensuite se mettre en état de réceptivité optimum. « Pour être à toi, en toi, être toi, j'abandonne provisoirement mon moi, je fais taire mon passé (mes souvenirs, mes préjugés, mes références), je fais taire mon présent (mes émotions, mes besoins, mes préoccupations), je fais taire mon futur (mes appréhensions, mes prévisions), alors je peux t'accueillir en toute fraîcheur, comme si tu étais une nouvelle personne, comme si j'étais nouveau. »

Réciproquement, le partenaire qui veut se faire entendre doit mettre toutes les chances de son côté :

- Choisir les circonstances favorables (le moment, le lieu). S'il le faut, prendre rendez-vous avec l'autre.
- Ne pas prendre l'autre à rebrousse-poil avec des « tu » accusateurs : « Tu ne t'intéresses pas à ce que je fais » ; « Tu ne m'écoutes jamais » ; « Tu ne me parles pas » ; « Tu ne penses qu'à toi », etc.

Si la façon de parler est importante, ce que l'on dit l'est aussi. La langue restant ce qu'en avait dit Esope – la meilleure et la pire des choses –, il faut choisir ce que l'on a à « communiquer », c'est-à-dire à « mettre en commun ».

Que faut-il dire ? Tout ce qui peut nourrir la relation et enrichir le partenaire. Hélas, après un certain temps de cohabitation, trop de gens soupirent : « On n'a plus rien à se dire », ou « On a un mal fou à trouver un sujet de conversation ». Beaucoup d'infidélités sont motivées par l'envie de s'exprimer et d'être écouté. Il ne faut pas tout attendre de l'autre. Il n'y a pas d'autres solutions pour trouver des choses à se dire que de s'enrichir soi-même et de se renouveler de manière à demeurer pour l'autre une source. Il faut multiplier les explorations et les moissons : la lecture, mine inépuisable de richesses, les manifestations artistiques, les activités sociales, la création personnelle, les voyages, sans oublier la fréquentation des amis. Tout cela se fera dans le cadre de l'intimité personnelle, cet espace de vie autonome (rappelez-vous que savoir rester indépendant est le secret de toute vie à deux).

Par ailleurs, un nombre important de sujets de conversation se trouveront dans le secteur de l'intimité commune, cet espace de partage où des activités se pratiqueront ensemble (sorties, voyages, etc.) ; ce qui est spécialement générateur d'échanges, ce sont les projets communs et les réalisations en commun, que ce soit dans le domaine social, artistique, écologique, etc.

Que faut-il ne pas dire ? Il ne faut pas dire n'importe quoi. Etre authentique ce n'est pas se déverser sans retenue à chaque instant. Le flot de la conscience charrie pêle-mêle toutes sortes de matériaux – émotions, pensées, rêves, etc. Ils défilent, imprévisibles, irrépressibles, inévitables, contradictoires même ; les uns sont « honorables », d'autres « honteux », les uns sont inspirés par l'amour, d'autres par la haine. C'est ainsi que tendresse et irritation, douceur et animosité, gratitude et ressentiment, peur et confiance, attirance et répulsion, courage et lâcheté roulent dans notre cerveau. Va-t-on livrer à la seconde un instantané de ce chaos et risquer de perturber ou de blesser son(sa) partenaire sous prétexte qu'il faut tout dire ? Va-t-on exprimer cette soudaine poussée d'agressivité pour notre partenaire ? Ou lui avouer cette pulsion de désir pour un(e) éphémère passant(e) ? Si nul n'est maître du flux qui cascade en son mental, un esprit sain et solide saura le filtrer et ne dire que ce qui est cohérent avec ce qu'il construit avec l'autre, avec leurs projets communs.

Il ne faut pas tenir trop de propos pessimistes, ils apportent des énergies négatives. Vous devez préserver la relation de la pollution verbale. Ne jetez pas sans cesse vos soucis chez l'autre, il n'est pas une poubelle. Certes, vous avez le droit de lui confier vos ennuis, vos chagrins et vos souffrances et il est légitime que vous en attendiez une écoute et du réconfort. Mais il n'est pas bon pour l'intimité que vous rabâchiez vos lamentations et doléances, surtout si vous ne faites que ça sans nourrir par ailleurs la relation d'éléments positifs et sans porter vous-même attention aux éventuelles plaintes de votre partenaire. Il est normal que celui-ci finisse par ne plus pouvoir supporter vos déversements négatifs car ils détruisent son énergie. Perte d'énergie aussi que les propos défaitistes sur le sort du monde ou les ragots sur le dos des gens.

Et le silence ? Il y a le silence des taciturnes, ceux qui ne sont pas expansifs. Que leur partenaire respecte leur tempérament (de toute façon nul ne pourra les changer vraiment), mais qu'il ne se retienne pas de leur parler car les silencieux sont souvent de bons « écouteux » et qu'il satisfasse leur besoin d'échanges avec leurs enfants et leurs ami(e)s. Que le « taiseux » lui, fasse un effort pour dire cette émotion qui retentit si fort au fond de lui ou ce compliment qu'il a dans la gorge.

Il y a aussi le silence de la rancune. Se taire est souvent un moyen de punir l'autre, de manifester son ressentiment à la suite d'un mot ou d'un fait qui a blessé, dévalorisé, frustré. Mais en se taisant, on se punit aussi. Alors, plutôt écarter le poids qu'on a sur le cœur et s'exprimer sans agresser, sans accuser, sans dramatiser sa peine. On pourrait prendre la résolution de se donner rendez-vous chaque fois qu'un sentiment négatif persiste chez l'un des partenaires.

Un chemin initiatique

On va vers l'amour, on va vers l'autre plein d'espoir et l'on reçoit beaucoup d'amour et beaucoup de bonheur. On croit alors que notre rêve se réalise, que notre manque va être comblé. C'est l'état de grâce. Puis les difficultés apparaissent, l'autre, décidément, est autre, et la relation se resitue à sa vraie place : une rencontre entre deux personnalités, faites d'ombre autant que de lumière, et de deux destinées. Dès lors, l'autre qu'on avait appelé pour nous panser, nous combler, apaiser nos peurs, devient à son tour celui qui nous blesse, nous frustre, nous inquiète, celui qui nous confronte à nos cicatrices anciennes et nous ramène à la source de nos souffrances, à cette enfance qui était aussi le temps des blessures, des manques, des peurs. « O, toi que j'avais choisi pour me sauver, voilà que tu me fais retourner sur les lieux de mes déchirures primitives et rejouer les scénarios originels ! »

Alors plusieurs voies s'offrent à nous :

• Subir : nous résigner, courber la tête, ranger notre rêve dans la crypte de notre âme, ravaler nos chants et nos poèmes, entrer dans l'amer renoncement et la morne cohabitation. Cette voie conduit à l'avortement des consciences et à l'ennui.

• Faire subir : prendre le pouvoir, dominer l'autre, l'empêcher d'être afin que ses différences, ses affirmations, ses contestations, ses protestations ne puissent nous remettre en cause, nous infliger des souffrances et réveiller nos peurs. Cette voie mène à l'écrasement des consciences et au malheur.

• Nous engager dans un chemin de progrès de conscience, un chemin spirituel. Rappelons que le besoin de spiritualité est inhérent à l'être humain et que l'idée de spiritualité n'implique pas forcément une croyance religieuse mais signifie qu'au-delà de l'ego, l'être place une transcendance qui donne une valeur, un sens et un but à son existence et le relie à la communauté des vivants et à l'univers.

Alors, vues sous cet angle, les difficultés, voire les épreuves qu'engendre la rencontre avec l'autre, acquièrent une valeur, indiquent un sens et offrent un but, bref, elles s'inscrivent dans l'évolution et le progrès de notre conscience :

- en nous interpellant et en nous renvoyant à nous, elles nous obligent à nous questionner quant à nos croyances, à nos comportements et à la signification de cette rencontre ;
- elles nous fournissent l'occasion de dépasser notre ego (ses douleurs, ses peurs, son étroitesse, etc.) pour nous élargir, nous grandir et nous élever ;
- le couple devient le moyen de transformer notre conscience. On dit alors du couple qu'il est un « creuset d'alchimie » ou un « atelier permanent » ou un « laboratoire d'évolution ». On parle aussi de « couple pépinière »[2]. Tout cela signifie que la réunion des deux êtres peut les conduire à une métamorphose.

L'évolution peut se faire chacun « en soi », sinon « pour soi ». Soit l'un des deux partenaires a pris conscience de la nécessité de se transformer pour sauvegarder le couple et s'y emploie. Soit l'un et l'autre partenaires en ont pris conscience chacun de son côté et y travaillent séparément. Cependant, l'évolution a le maximum de chances de se réaliser quand les deux partenaires, ayant fait le point et s'étant concertés, décident de progresser ensemble. Dès lors, le mouvement est double : chacun chemine vers la réalisation de soi tout en contribuant au cheminement de l'autre. Chacun est autonome, en marche vers l'accomplissement de sa personnalité, mais on s'accompagne, on s'écoute, on se soutient, on se réconforte, on s'aide, on se nourrit réciproquement. Autrement dit, bien qu'engagé dans son propre processus de perfectionnement, chaque partenaire dans le même temps aide l'autre à révéler le meilleur de lui-même, de telle façon que chacun devient meilleur que s'il avait été seul.

Alors, l'amour, la relation d'amour peut se définir comme le désir ardent de cheminer près de l'autre afin de contribuer à son évolution et à son épanouissement et d'en recevoir une aide pour son propre accomplissement.

À ce point, la survenue de l'autre dans notre vie a une tout autre signification : il n'est pas ce pansement dont l'inefficacité à moyen terme nous plonge dans la désespérance, il est le co-accoucheur de notre évolution. « O toi que j'avais appelé pour me panser, voilà que tu es dans ma vie uniquement pour m'apprendre à grandir dans l'amour. »

Prenons garde : si ce chemin conduit au bonheur d'aimer, il n'est pas un sentier romantique, ni une route facile. Le gravir est un travail et chaque étape un combat quotidien contre sa propre part d'ombre, ses peurs, son égocentrisme, sa possessivité. En tant que travail, il demande du courage, des efforts, de la créativité et de la constance.

« Une relation amoureuse est une sorte d'ascèse qui demande rigueur, vigilance et cohérence, ainsi qu'un très grand respect de soi et de l'autre. » « L'amour est action sur soi-même, métamorphose, perfectionnement et franchissement des épreuves... une aventure intérieure et extérieure, une recherche, une lutte avec nous-mêmes et avec le monde. » (2)

Un engagement

« Je fais le choix de m'allier à toi et je m'engage à vivre avec toi le temps de ma vie terrestre, à faire de cette alliance un moyen de progresser en conscience, chacun en soi et l'un avec l'autre, à faire de cette relation une co-création permanente et à mettre en œuvre des projets communs. »

La décision

L'engagement ne doit pas se situer dans le cours de l'état amoureux, il est fait de trop d'exaltation et d'illusions ; ni dans le plus fort de la phase de crise. D'abord il faut sortir de la fusion, cette époque où l'on vit uniquement par l'autre et pour l'autre, où l'on est tout pour l'autre et où l'on attend tout de l'autre ; ensuite, il faut gagner son autonomie. Ce n'est que lorsqu'on sera délié qu'on pourra se relier et s'allier (mais non se lier).

La volonté et la responsabilité prendront la relève de l'emballement sentimental ou, plus exactement, elles viendront armer de l'intérieur les sentiments. On parcourra les étapes suivantes :

- d'abord le constat : en mon âme et conscience, je constate que cette relation est essentielle pour moi et je souhaite la prolonger ;
- puis le choix : je choisis de rester dans cette relation et de la prolonger ;
- puis la décision : je décide de rester dans cette relation et de la prolonger.
- enfin l'action : dès maintenant, j'agis dans ce sens et avec ma (mon) partenaire, nous prenons l'engagement commun et simultané de nous unir. C'est ici qu'intervient la volonté, qui est un désir d'une intensité suffisante pour être transformé en action. On la définit aussi comme « une fonction psychique par

laquelle chaque aspect de la vie est choisi et intégré ; c'est la capacité de choisir et de diriger ses actions et sa destinée ». C'est ici aussi qu'intervient la responsabilité qui est, elle, « la reconnaissance et l'acceptation consciente de sa capacité de choisir les aspects de sa vie » (8).

L'engagement est la base de la relation d'amour véritable. Il est facile d'éprouver un sentiment, autre chose est de s'engager. C'est pourtant le témoignage d'intérêt le plus vrai et la façon la plus sûre de réussir l'union. L'amour solide, l'amour durable, il faut aussi le vouloir. L'engagement volontaire va contribuer à renforcer et à pérenniser la relation.

Les avantages

- L'engagement renforce les forces de cohésion qui, du coup, sont plus aptes à contrebalancer les forces d'éclatement toujours à l'œuvre, même dans un couple aimant. Parmi ces forces contraires, il y a, entre autres, les tentations extérieures et, surtout, les contradictions internes, ces voix perfides qui, par exemple, nous soufflent de nous éloigner d'un être que pourtant nous aimons. En ayant décidé au préalable de préférer cet être à tout autre, on exclut, ou au moins on muselle, les forces centrifuges.
- L'engagement donne du temps devant soi. Or, il faut une certaine durée et de la constance pour s'ajuster à l'autre, construire une vraie relation et évoluer ensemble dans la conscientisation.
- L'engagement donne une sécurité et une stabilité qui permettent de traverser les affrontements sans se détruire et de dépasser les obstacles sans y sombrer. Car les affrontements et les obstacles ne manqueront pas ; ils surgiront à propos de ces problèmes capitaux que sont les différences, l'indépendance, le pouvoir, la

fidélité, etc. Quand l'engagement est pris de ne jamais se quitter, on résiste à la tentation de se détruire réciproquement et d'en finir et on s'efforce avec plus de conviction et d'intelligence de trouver une solution.

Autrement dit, la notion d'échec n'ayant pas de place ici, il faut bien trouver une issue, que ce soit sur l'instant, demain ou dans un mois. L'engagement constitue un cadre dans lequel toutes épreuves, toutes expériences négatives sont mises à profit pour progresser dans son cheminement personnel ou dans la marche du couple. Car n'oublions pas que l'engagement n'a pas simplement pour objet de rester ensemble mais plus ambitieusement d'évoluer ensemble.

• L'engagement produit un changement en profondeur de la relation. Il renforce l'attachement, et spécialement l'attachement érotique : les aimants renoncent à imaginer des « trahisons », ne s'exposent plus aux tentations et ne recherchent le plaisir que dans le corps de l'autre.

• L'engagement comprend aussi un projet de vie et des projets affluents ; l'ensemble des projets constitue un axe qui rassemble les partenaires dans le présent et les conduit vers l'avenir. C'est l'axe de l'œuvre à construire. C'est une puissante force de co-création.

L'esprit du contrat

L'engagement n'est pas un contrat statique qui fixe une fois pour toutes une situation, c'est un contrat dynamique qui lance une évolution vers des progrès de conscience. On ne s'engage pas seulement à vivre à deux, mais aussi et surtout à avancer ensemble, ce qui suppose d'une part de se remettre en cause et de travailler sur soi et d'autre part de ne cesser d'échanger avec son(sa) partenaire pour nourrir la relation et la faire progresser.

L'alliance est un processus vivant qui a ses rythmes propres tout en suivant les transformations de chacun. Comme tout processus vivant, elle a ses hautes eaux et ses basses eaux, ses étés et ses hibernations. Aussi le premier mariage passé, il faut de temps à autre réactiver l'alliance, refaire sien le mariage contracté pour renaître à l'amour vivant. Si bien que les contes de maintenant n'ont pas de fin : « Ils se marièrent et eurent beaucoup de... mariages, car ensemble ils se remarièrent et se remarièrent et se remarièrent... »

Paradoxalement, cette fluidité, cette variabilité (de la relation et des deux partenaires), c'est elle qui donne la sécurité. Dans une situation statique, dès qu'un des deux partenaires se met à bouger, la relation risque de se distendre et de se rompre. Par contre, dans une situation dynamique, les deux partenaires, puisqu'ils suivent le courant, restent toujours proches. C'est bien du changement que vient la sécurité.

La forme

L'engagement peut se faire simplement, les deux intéressés étant seuls, en tête-à-tête, sans témoins, sans institution et sans cérémonie. De l'avis des philosophes spécialistes en éthique, un tel pacte est fondé et possède une valeur réelle. L'engagement peut aussi se passer devant témoins au cours d'une cérémonie et dans le cadre d'une institution.

Gaël : « J'aimais Véronique et je ne pouvais même pas imaginer qu'on puisse se quitter, mais je rechignais à me marier. C'était pour moi fermer toutes les portes qui donnent sur la vie sauf une. Mais Véronique supportait de plus en plus mal le provisoire ; je l'aimais, je le répète, et je ne voulais ni la faire souffrir, ni la perdre. Je me suis décidé et on s'est mariés. Il y a cinq ans déjà et je n'ai plus l'impression d'avoir dû renoncer à plein de petites portes ; au contraire, en vivant en couple avec Véronique, j'ai découvert un immense portail donnant sur une perspective sans limites. Une relation suivie, c'est un défi renouvelé, une grande aventure. Même si l'on tombe dans des pièges, on sait qu'on va s'en sortir, on s'y est engagé.

Virginie : « Je disais toujours qu'il n'était pas encore né, l'homme qui me ferait m'engager. Et puis il est arrivé et c'est arrivé : je me suis mariée. J'avais peur d'être ligotée, mais c'est tout le contraire : je me sens libérée. Draguer, ça vous bouffe votre temps et puis ça vous pompe une énergie folle. Et ça oblige à se disperser, à donner de l'attention à celui-ci ou à celui-là, à supporter les pressions des uns et des autres, à courir ici ou là. J'ai choisi de m'engager avec Frédéric et je me sens plus libre. On s'aime beaucoup, mais tous les deux on aime aussi notre indépendance. »

L'autre volet de l'engagement

C'est un engagement qui est le pendant obligatoire du premier, c'est la condition même du premier. Il doit être aussi solennel. « Je te promets de respecter ta personnalité, tes recherches personnelles, en vue de t'épanouir et de te réaliser, ton autonomie et ta liberté. Je te promets d'établir avec toi la meilleure communication qui soit, de t'écouter, de m'exprimer sans t'accuser. Je te promets de t'aider à réaliser ce pour quoi tu es faite. Je promets de satisfaire au mieux tes besoins sexuels et sensuels, d'écouter tes désirs, de combler tes manques, de varier tes joies. Et de lutter sans relâche contre la routine. »

Le respect de la liberté de l'autre

L'amour véritable suppose un respect total de la liberté de l'autre. Sans liberté, il n'y a pas d'amour vrai. Que serait l'amour que vous prétendriez donner s'il était accompagné de restrictions de la liberté de votre partenaire ? Il ne serait qu'appropriation car l'amour est don inconditionnel. Et que serait l'amour que votre partenaire vous donnerait s'il était assorti de pressions pour qu'il renonce à sa propre liberté, par exemple, s'il vivait avec vous par peur (peur de rétorsions, peur de vous faire mal, etc.) ou par contrainte (obéissance au désir des parents, subordination aveugle à des principes non intégrés, etc.) ? Il ne serait que soumission, or l'amour est don spontané.

On croit souvent que parce qu'on l'aime, on a des droits sur l'autre et que l'autre a des obligations envers nous ; c'est faux. Même si l'autre nous aime, c'est faux aussi : on n'a aucun droit sur lui et lui n'a aucune obligation envers nous. L'amour ne donne aucun droit de propriété, de regard, de savoir, d'intrusion, de contrôle. Et il n'impose aucune obligation de faire ou de laisser faire.

Bien entendu, la vie de couple, par la proximité, les partages et la cohabitation qu'elle implique, instaure de façon tacite un statut privilégié qui donne accès à l'intimité de l'autre et la faculté, sinon le droit, de savoir ce qu'il en est de lui — d'elle. Mais il faut être bien conscient que c'est un privilège accordé et non un dû, un privilège dont il faut être toujours digne et toujours renégociable.

Dans le respect de la liberté est compris le renoncement à toute possessivité. Nul n'est la propriété de quiconque. Et nul n'a le droit de contrôler ce que l'autre fait de sa vie et de son corps. Bien entendu, ici aussi le statut privilégié atténue la rigueur du principe et confère un sentiment d'appartenance réciproque. Il faut toutefois se rappeler toujours que c'est un don que chacun fait à l'autre et non un dû que l'autre peut exiger. Don qu'il faut mériter chaque jour.

Chapitre 10

RÉINVENTER LA FIDÉLITÉ

Voilà plusieurs milliers d'années que la fidélité nous est imposée, spécialement à la femme, par contrainte. Les États et les religions l'exigeaient sous peine de sanctions allant du jeûne au châtiment suprême, en passant par le fouet, la prison ou la répudiation.

Ces contraintes étaient prétendument justifiées par des nécessités sociales (l'organisation de la collectivité, l'ordre public, le bien des enfants, la transmission du patrimoine) qui commandaient de discipliner la procréation.

En réalité, ces contraintes étaient aussi destinées à consolider la société que les hommes avaient construite à leur profit et à protéger le pouvoir qu'ils s'étaient arrogé. In fine, derrière l'obligation de fidélité, il y avait la peur des hommes de perdre le pouvoir et, plus généralement, la peur que l'homme avait de la femme. La preuve : c'est à la femme qu'on impose la fidélité et l'exclusivité, les mâles s'autorisant tous les « adultères » possibles et plus encore : la polygamie.

Une révolution

La donne a radicalement changé. Ce qui était vrai depuis vingt mille ans ne l'est plus depuis peu. Sous nos yeux se déroule une des plus grandes révolutions de tous les temps. La société patriarcale est en train de s'effondrer : ses institutions, ses lois, son économie, son mariage sont mis en cause ou même déjà chamboulés. Tout est à réinventer, en particulier le couple et la fidélité. Ne subsiste plus, maintenant débusqué, que le fait central qui avait engendré l'empire masculin : la peur qu'inspire la femme à l'homme, peur qui s'amplifie à mesure que les femmes se libèrent et demandent à partager le pouvoir.

Tout ce que les mâles pouvaient craindre vient d'arriver en quelque vingt ans. Toutes les lois civiles et religieuses qui brimaient la femme ont été abolies ou allégées ou sont en voie de l'être ; la législation lui reconnaît désormais la même valeur et les mêmes droits qu'à l'homme ; de nouveaux règlements facilitent le retrait des liens conjugaux ; l'économie offre à la femme les mêmes possibilités de revenus qu'à l'homme ; la nouvelle morale lui permet de disposer de sa personne et de son corps et d'en jouir ; la science biologique lui en offre le moyen grâce à la contraception.

Les contraintes étant levées, qu'est-ce qui pourrait faire qu'une femme et un homme vivent ensemble dans la fidélité ? Le sentiment associé au désir, certes ; mais ce n'est pas suffisant puisque ces émotions s'usent. L'intérêt, n'en parlons pas, il n'a rien à voir avec l'amour. Seul un « idéal », librement conçu et librement choisi, pourrait fonder une nouvelle fidélité. Reste à savoir si la fidélité peut encore avoir un sens et quelque valeur et si oui, à en inventer les bases et les modalités. Ce qui constituerait également une révolution.

QU'ATTENDENT LES ETRES ?

Un certain nombre de penseurs qui se considèrent comme les éclaireurs de la vie moderne, affirmaient « qu'avoir envie de faire l'amour avec une seule femme ou un seul homme devenait obsolète et signifiait l'existence de graves blocages : on n'était pas un être libéré mais un être empêtré de graves tabous... La monogamie devenait un concept dépassé » (3).

Qu'en pensent les gens ? Une enquête statistique de mars 1998 parue dans *Psychologie* montre qu'à la question : « Quelles sont les conditions pour réussir une relation amoureuse ? », 67 % des interrogés mettent en première position la fidélité. D'autres enquêtes montrent que la population porte un intérêt croissant pour la fidélité, « une fidélité d'avant-garde réinventée par ceux qui veulent vivre jusqu'au bout la grande aventure de la monogamie débarrassée de ses pantoufles et de sa monotonie ». Jacqueline Dana, qui réalise une de ces enquêtes, ajoute dans la revue *Questions de femme* : « Il faut beaucoup de talent pour être fidèle, pour partager son jardin secret au compte-gouttes, pour se donner à l'autre sans se laisser dévorer, protéger ses zones d'ombre et vivre dans la lumière. Etre exigeant pour sublimer la banalité du quotidien. »

Une de ses interviewées, âgée de 28 ans, lui confie : « Depuis quelques temps, j'ai envie de sérénité. [...] Avoir des aventures, cela demande beaucoup d'énergie. J'ai envie d'utiliser cette énergie à quelque chose de plus profond, de plus valorisant, de plus durable. Ah ! La fidélité ! Ne plus mentir, ne plus tricher, regarder l'autre droit dans les yeux, sans arrière-pensée. Quel repos, mais aussi quelle liberté, quelle légèreté d'esprit. C'est bon d'avoir une existence droite, transparente, harmonieuse, le cœur et le corps en paix. »

Enfin une autre déclare : « ... Fidélité veut dire foi. Foi en soi. Foi en l'autre. C'est une force fabuleuse. C'est magnifique d'aller jusqu'au bout de ses promesses. La persévérance dans les sentiments est aussi une forme de plaisir. Mais cela ne doit pas dessécher. »

Masters, le célèbre sexologue, écrit : « La très grande majorité des femmes n'est comblée que par une union durable avec un homme. » (9) Et le philosophe Comte-Sponville, dans un interview, explique : « Nous vivons une période heureuse où le mariage a cessé d'être une question morale. Il s'agit aujourd'hui davantage d'un art de vivre, d'un choix, d'engagements. On s'engage sur la durée et on se prononce pour l'exclusivité. On décide de vivre le rêve de sa vie avec une seule personne. C'est un pari audacieux : se marier, c'est vouloir continuer l'amour au-delà de la passion. Beaucoup de couples échouent. Notre époque privilégie peut-être abusivement l'Eros, la passion, le manque de l'autre. L'amour, c'est aussi la tendresse, la joie partagée de l'existence de l'autre. [...] J'aime bien dans le mariage la dimension de totalité : je te prends entier pour la vie entière. » (10)

En ce qui me concerne, les confidences que je reçois confirment la persistance d'un rêve d'absolu chez la plupart des êtres : l'idéal d'une permanence dans la fidélité et l'idée d'un engagement restent forts aujourd'hui.

Nous parlons ici de la fidélité spontanée et non de celle imposée par contrainte. La plupart des psychologues ne croient pas à la possibilité d'une fidélité absolue et surtout ils s'insurgent, au nom d'un certain réalisme, contre les promesses de fidélité. Ces promesses, selon eux, sont des tentatives de contrôler l'irrationnel qu'est l'amour, de mettre de la rationalité dans l'irrationnel. Toute promesse de fidélité est une imposture : qui peut savoir ce que les sentiments d'aujourd'hui seront devenus dans cinq ans, dans dix ans ? Qui peut prétendre pouvoir échapper éternellement à un sourire, à une rencontre qui lui ferait perdre la tête ? Qui peut prétendre avoir la maîtrise de ses sentiments et un pouvoir de décision sur son affectivité ? Celui qui jure : « Je t'aimerai toujours et je n'aimerai que toi » est un menteur (qui, du reste, se ment aussi à lui-même) ou un malade qu'il faut interner. La promesse d'amour témoigne d'une méconnaissance de la réalité de la vie et de la nature du psychisme humain, à moins qu'elle ne traduise la persistance de la croyance infantile en sa toute-puissance.

Ces opinions sont sans doute justifiées pour ce qui concerne l'amour tel qu'il est conçu dans l'Occident romantique, amour qui repose presque exclusivement sur un sentimentalisme hypertrophié. Il est vrai que l'amour-sentiment, fait des fluctuations de l'ego et donc voué aux emballements soudains et aux ruptures impromptues, est souvent temporaire, sinon éphémère. Mais c'est oublier que l'amour peut avoir d'autres assises et d'autres dimensions que le sentimentalisme tel une spiritualité profondément vécue et un sens du sacré de l'érotisme. « Il faut dire, écrit Marguerite Yourcenar, qu'en Occident, l'amour n'a jamais été un plaisir sacré. C'était un péché ou un sentiment. » C'est aussi dénier aux êtres leur besoin d'absolu, dont le rêve de fidélité est une expression et leur capacité de le vivre. Les êtres ont en eux plus de grandeur qu'on ne leur en accorde.

Une autre fidélité

Ce qu'elle n'est pas

La nouvelle fidélité est débarrassée de toutes craintes et contraintes. Elle n'est pas soumission à des règlements établis par une quelconque autorité. Elle n'est pas démission face à des menaces externes et aux peurs qu'elles engendrent (peur d'être châtié, d'être répudié, peur du péché, etc.). Elle n'est pas sujétion en rapport avec des menaces intériorisées (peur de perdre l'amour, d'être abandonné, etc.). Enfin, elle n'est pas subordination à un conformisme et à des principes par peur du « qu'en-dira-t-on ». Ajoutons qu'elle est débarrassée de tout calcul matérialiste.

Ce qu'elle est, sa valeur

La nouvelle fidélité est un choix librement déterminé par chacun et en son nom propre. Personne n'a à intervenir ni dans sa décision, ni dans son application. Il est fait en connaissance de cause parce qu'on croit qu'il est juste et bénéfique pour soi et pour le couple.

- La fidélité est un témoignage d'amour. En étant fidèle à l'être aimé, je lui dis qu'à mes yeux, il vaut plus que tout autre.
- La fidélité est le choix d'investir toute son énergie dans la construction du couple et le travail qu'on a à

faire sur soi, travail destiné à se transformer et faire évoluer ce couple.

• La fidélité est la décision d'assurer au couple et à chacun une sécurité et une paix qui créent un contexte favorable à l'épanouissement de tous. Il existe un besoin légitime de sécurité ; il n'est pas forcément le *fruit d'une peur d'abandon ou de quelque autre* névrose.

On objectera que trop de sécurité nuit à l'amour et entraîne l'assoupissement des esprits et la routine, qui est bien le pire ennemi du couple ; et c'est vrai qu'il faut demeurer vigilant. On dira aussi que trop de sécurité endort les cœurs alors qu'une certaine insécurité les stimule. Cela est vrai pour l'amour sentimental mais au niveau où nous nous situons, cela ne devrait pas jouer.

• Elle est une prise de responsabilité, selon laquelle on assume d'être comptable de tous ses actes et de leurs conséquences. Par exemple, seront pris en considération les possibles conséquences négatives d'une infidélité pour le(la) conjoint(e), le couple, les enfants (les souffrances, les tensions, les conflits, etc.).

• Elle est une voie d'épanouissement sexuel. La concentration du désir sur un seul partenaire préserve le côté « unique » de l'activité sexuelle et donc sa signification et son « sacré », alors que la dispersion sexuelle risque d'aboutir à une banalisation et à une perte de sens.

Par ailleurs, la concentration associée à la durée permet aux partenaires d'ajuster leur sexualité et de peaufiner les recherches en vue de conduire la femme à l'orgasme. En outre, l'unicité incite à développer sa créativité afin d'échapper à la monotonie et d'être, comme le dit le Kama Soutra, avec son(sa) partenaire comme avec 36 partenaires différents. Enfin, la fidélité étant facteur d'harmonie, favorise la confiance et l'abandon indispensables à l'éclosion des joies érotiques.

• Elle est une voie spirituelle, elle oblige à faire un travail d'approfondissement et de maturation de sa propre personnalité. On prend alors conscience que l'infidélité est une quête quelque peu immature et souvent vaine pour trouver hors de soi la solution à ses problèmes existentiels et l'estime, les réassurances, les richesses qu'en réalité on a en soi ; si l'on a préféré cette quête c'est que la prospection externe paraît plus facile que l'exploration interne. On s'aperçoit également que l'infidélité est une fuite devant les problèmes surgis dans le couple ; et le refus de faire l'effort d'apprendre à communiquer avec notre conjointe et de découvrir toutes ses richesses. « De toutes les stratégies que les couples utilisent pour éviter de faire face à leurs problèmes, tout en s'acheminant vers eux par des voies détournées, celle qui semble la plus populaire est la liaison extraconjugale. C'est une tentative désespérée du couple pour sortir de l'impasse qui le conduit au bord du désastre, sinon au désastre même. » (11)

• La fidélité est la réalisation de l'aspiration profonde de tout être à l'Absolu. Car tous nous possédons le sens de ce qui est sacré dans le couple et tous nous sommes habités d'un besoin de nous dépasser.

Les moyens de la nouvelle fidélité

Si la fidélité n'est pas impossible, elle n'est pas facile non plus dans cette période de transition entre deux civilisations. Il faut donc s'en donner les moyens.

Répondre aux difficultés du couple

Ce sont les difficultés non résolues au sein du couple qui engendrent les infidélités. Je les ai répertoriées plus haut et pour chaque cause, j'ai suggéré les moyens d'y remédier.

Je me contenterai ici de résumer ces suggestions. Je suivrai l'ordre des chapitres de *référence* :

L'agitation sexuelle : c'est elle qui nous pousse à explorer les êtres alentour. Pour éviter que notre conjoint(e) ne se transforme en explorateur, essayons d'être multiple : riche, créatif, sans cesse renouvelé, autonome. Et gardons notre part de mystère.

Le phénomène des facettes : compte tenu du fait que nous sommes faits d'une multitude de facettes, un seul partenaire ne peut satisfaire toutes nos attentes. Pour éviter que notre conjoint(e) ne cherche à l'extérieur la satisfaction de ses attentes, efforçons-nous de les bien connaître, les plus essentielles en tout cas, et d'y répondre. Quant à nos propres facettes, sachons-nous en occuper nous-mêmes et s'il nous faut l'intervention d'une personne extérieure, adressons-nous à des êtres sans forcément en faire des amant(e)s ; ils sauront sans doute nous percevoir et nous aider à nous réaliser mieux qu'un partenaire de passion.

La vie est un fleuve : nos sentiments cascadent et passent et les événements nous emportent. Mais rappelons-nous que nous pouvons contrôler notre barque et donner une direction et une cohérence à notre vie, y compris à notre vie affective.

L'usure du quotidien : la coexistence quotidienne entraîne la routine, laquelle accélère l'usure des sentiments et du désir. Il y a d'innombrables moyens de prévenir et de guérir l'usure. Il est impossible de les résumer. Je vous renvoie à l'ouvrage que j'y ai consacré.

Le trio œdipien : notre premier amour (celui qui s'était établi entre notre mère et nous) étant placé sous le chiffre 3, nous chercherions à retrouver un troisième larron dans nos histoires d'amour. Pour échapper à cette programmation fatidique, prenons-en conscience (ce qui est déjà efficace) et travaillons sur ses origines et ses conséquences sur notre vie affective.

La dialectique madone-putain : l'« épouse » est intouchable car réplique de la mère et mère elle-même. Sachons réconcilier la tendresse et la sexualité et redécouvrir le sacré de l'acte d'amour. Alors la conjointe se métamorphosera en déesse érotique.

L'immaturité : en nous, l'enfant mal aimé et blessé, toujours insatisfait, nous pousse à aller de bras en bras. Devenons adulte et mature : apprenons à nous aimer et à nous panser nous-mêmes. Alors nous pourrons passer de la quête d'amour au don d'amour. À ce niveau, il n'est plus nécessaire de multiplier les relations « amoureuses ».

L'infidélité message : Las(se) de n'être pas entendu(e), notre partenaire, par une infidélité, nous signifie son insatisfaction. Sachons donc l'écouter et le(la) comprendre.

La liberté sexuelle : chacun a le droit de disposer librement de son corps. Respectons cette liberté, la fidélité corporelle ne peut être imposée. Et la possessivité est contraire à l'amour véritable.

La perte du sens de l'existence, l'absence de transcendance : puisque les repères traditionnels se délitent, réinventons les significations et les buts. C'est le défi fabuleux de cette période de transition. Pour cela, retrouvons les sources de notre humanité. Et réconcilions-nous avec notre divinité.

L'insatisfaction des besoins affectifs : Si nous sommes trop vorace d'affection, travaillons sur nous afin de nous aimer mieux et d'acquérir plus de confiance en nous. Si nous sommes trop avare, ouvrons notre cœur et nos mains. Nous découvrirons que donner est aussi un bonheur.

L'insatisfaction des besoins sexuels : perfectionner son art érotique est un devoir sacré. Mettons de la créativité et de la subtilité dans notre sexualité. Et n'oublions pas la tendresse. Notre corps est un jardin extraordinaire, soyons des jardiniers inspirés et le bonheur s'y cueillera à foison. *Le Traité des caresses* et *Le Traité du désir* pourront vous y aider. Si des maladies sexuelles ou des maladies générales entravent votre activité érotique, sachez que quelles que soient les difficultés et les handicaps, il est toujours possible de satisfaire le désir de votre partenaire et le vôtre également.

L'insatisfaction des besoins de communication : c'est sans doute la principale cause de frustration (et d'opposition aussi). Alors écoutons vraiment, entendons, comprenons. Et parlons pour nous dire nous, et non pour causer sur l'autre, accuser, reprocher ou imposer.

L'insatisfaction des besoins énergétiques : si nous nous comportons comme un « pompeur » d'énergie et que, non content d'épuiser notre conjoint(e), nous devons avoir recours à des relations extraconjugales, décidons de mieux gérer nos dépenses et de reconsidérer nos sources d'approvisionnement. En nous est la source principale, apprenons à en user autrement. Au dehors, il n'y a pas que les relations sentimentales qui puissent nous ressourcer (si tant est qu'elles y parviennent), les ami(e)s, les sages, les œuvres de création, les lieux sacrés, la nature, etc., constituent autant de sources puissantes.

L'insatisfaction des besoins d'évolution : la conscience humaine a vocation à grandir, s'élever et s'accomplir. Alors soyons digne de notre destin d'homme. Évoluons, dépassons notre ego, réalisons notre mission (nous en avons tous une). Aidons notre partenaire à faire de même. Soyons vivant et vivifiant. Plaçons haut sur le plan du cœur, de la création et de l'esprit, nos horizons.

Se structurer en faisant un travail sur soi

Si l'on s'aime soi-même, on dépassera son besoin d'être aimé et on n'aura plus besoin de quémander sans cesse à l'extérieur des suppléments d'amour. Si l'on s'estime suffisamment, il ne nous sera plus nécessaire de quêter des réassurances de ci, de là. Si l'on s'affirme soi-même, on n'aura plus besoin de se prouver par de nombreuses conquêtes qu'on existe bien. Si l'on transcende son ego et son égocentrisme, on saura qu'aimer c'est donner et non prendre ici et là. Si l'on a su panser sa blessure, on ne cherchera plus de pansements tous azimuts. Si l'on range sa disquette de survie et sa programmation infantile, on sortira de la confusion où l'on mêlait mère, père et partenaire ; on agira avec justesse en fonction de la réalité présente ; nos relations avec notre conjoint(e) en seront assainies et nos besoins d'être consolé ou de séduire aux quatre vents n'auront plus de raison d'être. Bref, si l'on devient mature, on n'aura plus besoin de s'adresser à de multiples partenaires pour croire en soi, se réaliser, être heureux.

Situer l'amour sur le plan de l'amour véritable

La fidélité dépend de la qualité du couple et de la conception que chacun a de l'amour.

— si pour les conjoints, l'amour c'est l'acceptation de l'autre dans sa vérité et avec ses différences ;

— si l'amour, c'est le respect de l'autonomie et de la liberté de l'autre ;

— si l'amour est un partage du pouvoir avec l'autre ;

— *si l'amour est plus qu'un sentiment, s'il est une* relation vraie, fluide, enrichissante, respectueuse ;

— si la sexualité, en plus d'être un agrément somptueux, a une signification et est perçue comme une approche du « sacré » ;

— si le couple est une voie d'évolution de conscience (un chemin initiatique) où chacun progresse et aide l'autre à progresser : alors, on peut dire que leur couple est d'une qualité telle que chacun s'y trouvant bien (compris, accompagné, épanoui) ne ressent pas le besoin de s'adresser à une autre personne.

S'engager ?

Faut-il s'engager à demeurer fidèle ? Autant l'engagement à vivre et évoluer ensemble me semble essentiel, compatible avec la liberté et fécond, autant l'engagement à être fidèle me semble à l'inverse superflu, contraire à la liberté et stérilisant. Superflu car si l'on se situe sur le plan de l'amour véritable, la fidélité va de soi. Contraire à la liberté, car il constitue un interdit ponctuel à une action précise. Stérilisant, car en privant le couple de toute virtualité de compétition, il risque de réduire toute volonté de progrès et de renouvellement.

En tout cas, la fidélité de l'autre ne peut être exigée, elle ne peut que se gagner. Quant à notre propre fidélité, elle n'a pas à être promise à l'autre. « Je t'aime » comprend tout, la durée et la fidélité. Même au fond de soi et par rapport à soi, chacun n'a pas à s'engager à vivre en fidélité. « Je t'aime » résume tout.

Fidélité et liberté

Le respect de la liberté de l'autre renforce la fidélité ; le refus de cette liberté contribue à l'infidélité. Celui qui brime un conjoint qui a des envies d'« escapades » engendre et enferme un monstre dans ce conjoint ; un monstre qui brouillera la relation et de toute façon finira par ressortir. Quand l'infidélité s'accomplira, elle sera un adultère mal vécu, tissé de mensonges et miné de culpabilité. La relation se dégradera encore plus. Par contre, si celui ou celle qui a des envies d'« escapades » le reconnaît clairement et s'en ouvre à son(sa) conjoint(e) et si ce(tte) dernier(e) lui en laisse le libre choix, les relations vont changer du tout au tout, devenir plus authentiques, s'approfondir. « Ainsi tu me permets de me dire, tu me permets de partager mes émotions, mes envies secrètes, mes rêveries, tu me fais confiance, tu me permets d'être. Tu es donc aussi mon meilleur ami. » De s'ouvrir l'un à l'autre approfondit la relation ; la liberté de dire et de faire la renforce.

Bien souvent, le fait de se sentir libre suffit au partenaire que tente une échappée. Pouvoir librement rêver, savoir qu'il peut s'évader lui rend inutile la concrétisation ; ce qui importe c'est d'en détenir la possibilité. Toutefois, s'il donne suite un jour à ses envies, il reviendra librement à son conjoint. Et celui-ci l'accueillera généreusement. L'amour véritable, c'est d'ouvrir son cœur sans condition. Encore faut-il justement que ce conjoint n'agisse pas par tactique mais par amour ou, plus précisément, par amour de la liberté de son aimé(e).

Il va de soi que les partenaires s'interrogeront sur l'origine des envies de l'un des conjoints et qu'ils essaieront de remédier aux insatisfactions qui seront apparues.

La liberté ne concerne pas seulement notre relation avec l'autre, elle concerne aussi notre relation avec nous-mêmes, avec nos pulsions, nos émotions, nos blessures, nos névroses. La libération ici consiste à travailler à ne plus être l'esclave de notre part d'ombre. Et la liberté, paradoxalement, ça peut être de s'en tenir aux engagements pris : la fidélité, par exemple, peut éviter d'être le jouet d'émois et d'affects passagers.

Fidélité à soi et fidélité au couple

Dans la nouvelle conception de la fidélité, il ne devrait pas y avoir de divergence entre la fidélité à soi-même et la fidélité « conjugale ». En effet, ici la fidélité est un engagement qu'on prend par rapport à soi-même et non une promesse faite à l'autre. C'est en soi qu'on a pris la décision de fidélité parce qu'elle a semblé juste et parce qu'elle correspond à un absolu qu'on porte en soi. Cet état de conscience suffit le plus souvent à nous rendre imperméable aux forces d'éclatement et en particulier à « l'agitation sexuelle » ou à « l'agitation sentimentale ».

Si toutefois un besoin de cet ordre, pour ne pas dire une tentation, survenait, nous conserverions plus aisément notre libre arbitre, c'est-à-dire la possibilité de rester fidèle non pas à l'autre, mais à nous-même, la possibilité de choisir de respecter notre amour de l'absolu. Le passage à l'acte ou le non-passage repose essentiellement sur nous : d'abord accepter l'envie en pleine conscience, sans culpabilité ni honte ; puis, par un mouvement de maturité et d'élévation, prendre ses distances. Parce que nous trouvons qu'un élan de conscience nous nourrit plus que la satisfaction d'un besoin passager. Pas par amère résignation.

Autant une infidélité subie par contrainte extérieure ou intérieure (culpabilité), peut-être par refoulement, cause des troubles nerveux et somatiques, autant une fidélité choisie peut être un tremplin pour un dépassement de soi.

En réalité, la véritable infidélité à soi-même est de vivre en dépendance, c'est-à-dire en soumission. Ou de sacrifier à l'autre sa personnalité, ses goûts, ses désirs, ses projets, ses talents, son autonomie. Mais au niveau d'amour où nous nous situons, il est possible d'être fidèle à soi-même tout en étant fidèle à l'autre.

Conclusion

L'ACCESSIBLE ÉTOILE

Les épreuves dans le couple ne sont pas l'affaire de l'autre, mais d'abord notre affaire à nous, c'est un événement qui nous renvoie à nous, qui provoque une rencontre avec nous-même. Ou bien nous refusons ce rendez-vous, nous nous fuyons et alors le chemin de traverse que nous emprunterons sera un chemin de souffrances aussi atroces que vaines, car nous retomberons toujours dans les mêmes erreurs. Ou bien nous acceptons ce rendez-vous, nous nous affrontons et nous nous engageons dans un chemin initiatique difficile mais qui a un sens et qui mène à notre libération et à notre « édification ». Il nous faudra prendre conscience de ce qui nous a conduit à une telle situation et descendre dans notre part d'ombre, cette crypte de tous les dangers, de tous les malheurs. Mais ensuite, nous pourrons bâtir cette cathédrale de lumière que nous sommes tous possiblement. Et vivre dans l'amour.

La fidélité ne peut être spontanée et heureuse que si elle est inspirée par un amour qui, au-delà des tribulations des sentiments et des désirs, dépasse l'ego, un amour relié à quelque chose qui nous transcende et donne un sens à nos comportements.

La transcendance, c'est tout d'abord cette « part divine » dont nous sommes porteurs. « Faut-il toujours que l'on nous avertisse et ne pouvons-nous tomber à genoux que si quelqu'un est là pour nous dire que Dieu passe ? Si vous avez aimé profondément, personne n'a dû vous faire remarquer que votre âme était quelque chose d'aussi grand que les mondes ; [...] et que les lèvres même que vous baisiez appartenaient à un être bien plus haut, bien plus beau, bien plus pur que celui que vos bras enlaçaient. Car, dans le véritable amour, c'est la conscience profonde qui se manifeste. Vous avez vu alors ce que l'on ne voit pas dans la vie sans ivresse. Mais ne peut-on pas vivre comme si l'on aimait toujours ? Les héros et les saints n'ont pas fait autre chose. » [(12)]

On oublie de dire aux êtres qu'ils sont dieux aussi. Cette « part divine », c'est quelque chose de plus intérieur que les pulsions et les sentiments ; c'est en nous cette aspiration à la beauté, à la générosité, à la vérité, en un mot la part de lumière. Si on se savait dieu, on se respecterait, on serait fidèle à soi-même, à ses engagements, on ne se laisserait pas disperser par les moindres émotions, effriter par les moindres envies. Si on se rappelait que l'autre est dieu aussi, on ne se l'approprierait pas, non plus qu'on ne le trahirait.

Pour ceux qui « croient », cette part divine c'est le reflet de Dieu en l'homme, lequel fut fait à l'image de Dieu : c'est la manifestation du divin dans l'humain. Alors, prendre pleinement conscience de notre part divine, c'est donner un sens profond et épanouissant à la fidélité.

La fidélité ne peut être exigée de l'extérieur, ni par un partenaire, ni par une quelconque autorité religieuse ou civile. Elle ne peut qu'être choisie par nous-mêmes et exigée de nous-mêmes, en référence à notre part divine. La liberté de l'autre est sacrée ; il n'est pas notre propriété. Vouloir le posséder, c'est le prendre pour un objet, alors qu'il est sujet, en référence ici à sa part divine. À nous d'accorder notre liberté à sa liberté. De toute façon, la possession est le contraire d'une véritable relation. Sans compter que vouloir posséder fait entrer dans l'enfer de l'insécurité.

« Tromper » l'autre, c'est également en faire un objet et oublier sa part divine. Encore faudrait-il que lui-même n'oublie pas de cultiver sa part de lumière.

La transcendance de l'humain, c'est aussi être porteur d'une conscience et avoir pour but de développer cette conscience. C'est ce qui donne un sens à son existence. Évoluer spirituellement, c'est devenir de plus en plus conscient, c'est-à-dire passer d'une existence manipulée par l'inconscient (le sien et celui des autres) à une existence où la conscience, percevant plus clairement les interférences intérieures ou extérieures, décide d'agir en connaissance de cause. En d'autres termes, le progrès consiste en une conscientisation de plus en plus affirmée, de plus en plus profonde, de plus en plus large : conscience d'être responsable et créateur de son chemin, conscience de ce que l'on a à y faire, conscience d'avoir à trouver un sens à ce que l'on y rencontre, conscience d'appartenir solidairement à une communauté de vie qui englobe tout le « créé », des lézards aux novæ.

Quant au sentiment amoureux, c'est en passant de l'inconscient au conscient qu'il se fera Amour, qu'il prendra une dimension divine. Car alors sa magie se mettra au service du sens de la vie, sa poussée dans l'axe de l'appel divin. À un tel degré de conscience, la fidélité va de soi ; aucune force d'éclatement ne peut prévaloir sur la plénitude de l'être.

C'est par un travail sur soi et aussi en faisant de la vie à deux un chemin initiatique que l'on agrandit sa conscience.

Retrouver sa part divine et découvrir le sens de son existence est sans doute la vraie réponse au « grand manque ». Au début est le rêve d'absolu : tout être dès sa conception aspire à un amour infini. Ce rêve, il le vit de façon nébuleuse dans le paradis utérin ; mais ce n'est pas vraiment une relation. Puis, il s'en approche dans l'enfance par l'amour que lui offrent ses parents ; mais ceux-ci, en raison de leur propre manque et de leurs propres blessures, ne peuvent le combler. Enfin, il croit le trouver dans l'amour de l'aimant(e) ; et il est vrai qu'il vit quelque temps un état flamboyant et océanique, véritable mer de feu ; mais l'aimant(e) lui(elle) aussi, a ses manques et ses blessures. Finalement, personne n'est le dieu attendu qui nous ferait dieu à notre tour.

Ces étapes successives, en se révélant incapables de réaliser pleinement et définitivement le rêve originel, le creusent et le transforment en manque, le « grand manque ». Alors, la plupart des êtres sombrent dans le désespoir : l'amour, infini et divin, n'existe donc pas. Vue sous cet angle, la situation de l'humain, pris entre son besoin fondamental d'être aimé de façon absolue et l'impossibilité de l'être, est tragique.

Il est pourtant une autre leçon à tirer : l'amour infini, il ne faut pas l'attendre de l'extérieur, il faut le révéler en soi ; le divin, il ne faut pas l'exiger de l'autre, il faut le réveiller en soi. Là est l'issue du gouffre du « grand manque » et l'accès à la réalisation du « grand rêve ». Cette voie passe par la maturation de l'ego et l'évolution spirituelle.

• La maturation : ce qui a perdu le rêve et en a fait un manque, ce sont nos façons infantiles de l'aborder : notre égocentrisme, qui nous faisait tout ramener à nous, tout attendre de l'autre, voire tout lui prendre. La fusion qui en résultait était une *fusion par captation* et l'unité qu'elle engendrait était réduite à l'addition des deux partenaires (la mère ou l'aimant(e) étant le second). Cela ne pouvait que déboucher sur la désillusion et la nostalgie du passé. L'accès au rêve d'amour absolu passe par un double mouvement de conscience : un mouvement vers soi (l'amour de soi qui nous libère du besoin d'être aimé) et un mouvement depuis soi (l'amour-don qui nous projette dans le véritable amour). Autrement dit, c'est par la libération et le dépassement de l'ego qu'on accède à un amour plus vaste.

• L'évolution spirituelle : la réalisation de notre rêve originel passe également par la redécouverte de notre part divine, l'acquisition d'un sens existentiel et l'agrandissement de notre conscience. Cette part divine, qu'on nomme aussi selon les courants de pensée conscience d'éveil, conscience d'accomplissement, conscience suprême, sagesse, soi supérieur, âme ou esprit, est notre être dans ce qu'il a de plus central, de plus profond, de plus essentiel. C'est la source de notre idéal, c'est la source d'amour vrai, c'est la source de lumière. Là est la plénitude absolue où rien ne manque.

Etre relié à nos instances supérieures nous permet de faire vers l'autre un mouvement d'une tout autre dimension : c'est un élan et c'est une ouverture vers lui. La fusion (supérieure) à laquelle parviendront alors les aimants sera différente de celle de la passion :

ici, les limites du moi sont dépassées par débordement ; et le mouvement d'expansion nous relie non seulement à l'autre, mais à l'univers entier. C'est le nec plus ultra de l'état de non-séparation, c'est une sorte d'union mystique.

La croyance en Dieu ne peut que faciliter cet état supérieur de conscience, car alors se donner à l'amour, c'est être le canal de l'amour infini de Dieu qui est Amour.

La fidélité fait partie du « grand rêve ». C'est un idéal qui veut faire triompher les forces de cohésion, d'élévation et de vie sur les forces d'éclatement, de confusion et de mort. « On meurt, disait Pessoa, de n'avoir pas assez rêvé. » Encore faudrait-il que l'on sache bien ceci : que c'est le rêve qui est la réalité et que ce qu'on dit être la réalité c'est le rêve trahi, déformé, c'est un cauchemar. Oui, ce qui tient lieu de réalité, c'est l'échec du rêve. En vérité, la réalité c'est le « grand rêve » que l'âme porte : elle s'incarne pleine d'espoir, elle est contrainte de vivre le cauchemar, puis elle repart avec son rêve intact.

En ce qui concerne l'amour, dans ce qu'il suppose de don et de fidélité, les temps viendront où le rêve et le réel ne seront plus distincts.

Bibliographie

(1) Vincent (Jean-Didier), *Biologie des passions*, Odile Jacob, Paris.

(2) Salomé (Jacques), *Jamais seuls ensemble*, Éd. de l'Homme, Paris.

(3) Meignant (Michel), *Amourologie*, Buchet-Chastel, Paris.

(4) Leleu (Gérard), *Le Traité du plaisir*, J'ai Lu

(5) Tordjann (Gilbert), *La Frigidité féminine et son traitement*, Casterman.

(6) Salomé (Jacques), *Communiquer pour vivre*, Albin Michel, Paris.

(7) Chapsal (Madeleine), « Psychologie » (janvier 1998) et *La Jalousie*, Fayard, Paris.

(8) Nieman (Joël), Centre de psycho-synthèse du Sud-Ouest.

(9) Masters et Johnson, *L'union par le plaisir*, Marabout, Paris.

(10) Comte-Sponville, « Femme » (juin 1997)

(11) Napier (Auguste) et Whitaker (Carl), cités par Jacques Salomé dans (2)

(12) Maeterlinck (Maurice), *Le Trésor des humbles*, Mercure de France, Paris.

Annexe

EXERCICES DE CONTRÔLE DE LA PENSÉE

(inspirés de la méthode Vittoz)

L'événement vous a bouleversé et a déséquilibré votre mental. Les émotions (souffrance, peur, haine, tristesse, désespoir...) vous ont envahi et votre esprit est livré à l'obsession : vous pensez sans cesse à ce qui est arrivé. Quoi que vous fassiez, cette idée occupe votre conscience où elle tourne en rond. Nerveux, irritable, anxieux, abîmé dans vos pensées, le corps en proie à divers maux, vous n'êtes plus vous-même.

Je vous propose de reprendre le contrôle de votre mental et de votre corps par deux exercices simples et, je vous assure, vraiment efficaces.

La sensation consciente

L'exercice a pour but de recevoir en pleine conscience une sensation que vous aurez choisie parmi toutes celles que vous envoient vos récepteurs sensoriels.

En vous ancrant dans la réalité de votre corps, vous restaurerez votre équilibre psychique. En n'étant attentif qu'à une seule et pure sensation, à l'exclusion de toute autre et de toute idée, et en maintenant votre attention sur elle, elle va finir par s'amplifier et remplir votre champ de conscience. Ainsi vous fermez la porte à toute rumination et à toute invasion douloureuse.

Mettez-vous en condition de réceptivité : respirez comme je vous l'ai conseillé, décontractez vos muscles, abandonnez-vous.

Choisissez l'un de vos sens et soyez vigilant à toutes les sollicitations qu'il capte. Vous avez choisi l'ouïe, alors recevez bien consciemment et en totalité les bruits lointains, distinguez-les, analysez-les posément et sensuellement. Puis accueillez les bruits proches, disséquez-les, discernez-les.

Vous avez choisi la vue, alors regardez avec attention les objets lointains, ensuite les proches. Exercez-vous également à palper avec plus d'acuité les objets.

Ne limitez pas vos entraînements à la sensibilité externe, prenez conscience de votre sensibilité cénesthique. Soyez attentif aux sensations qui montent de la profondeur de votre corps, prenez conscience de chacune de ses parties, des pieds à la tête. Qu'il ne soit plus une carcasse que l'on habite par obligation et habitude ; qu'il soit un vrai « chez vous ».

L'acte conscient

Choisissez des actes simples de la vie courante : ouvrir une porte, un tiroir, allumer une lampe, couper du pain, manger, marcher. Au lieu de les exécuter machinalement, l'esprit ailleurs, faites-les de façon pleinement consciente. Par exemple : « J'empoigne la poignée de la porte, je vois sa blancheur, je sens sa fraîcheur, son arrondi, je la tourne, etc. ». Pratiquez aussi des « marches conscientes » : j'avance un pied, la jambe suit, puis le côté correspondant de mon corps, tandis que le bras part en sens inverse, je pose le pied, je sens la solidité du sol, je m'y assure, il me rassure, j'avance l'autre pied. Faites également des « repas conscients », des « lectures conscientes » à voix haute, etc.

En écartant les automatismes, en vous obligeant à être présent à ce que vous faites, l'acte conscient donne un coup de frein à la rumination mentale, à l'obsession d'une idée et au désordre émotionnel. Vittoz propose bien d'autres exercices, parfois plus élaborés, mais toujours pratiques. A force de répéter l'exercice, chaque jour, comme on fait des gammes, les attitudes apprises deviennent une seconde nature. En cas d'agression, de perturbations affectives, les réflexes acquis nous permettent de rétablir aussitôt l'équilibre.

La sensation plénière et consciente, en ramenant la pensée à l'ici et maintenant, s'oppose au vagabondage des idées et à l'inflation des sentiments ; or, c'est cette dérive cérébrale et cette hypertrophie émotionnelle (ressentir plus que sentir), qui épuise le cerveau, déforme le jugement et altère la sensation elle-même. En étant totalement présent à sa conscience, on repose son cerveau, on retrouve une vision naturelle et juste des choses. Ainsi la sensation équilibre la pensée qui, à son tour, contrôle la sensation. Ainsi s'harmonisent l'esprit et le corps. Au total, les exercices apaisent les tensions plus facilement que toutes les autres méthodes de relaxation. Et ils rechargent le potentiel énergétique.

7226

Achevé d'imprimer en Europe (France)
par Maury-Eurolivres – 45300 Manchecourt
le 18 mai 2001.
Dépôt légal mai 2001. ISBN 2-290-31067-0

Éditions J'ai lu
84, rue de Grenelle, 75007 Paris
Diffusion France et étranger : Flammarion